人格障害とは何か

人格障害とは何か

鈴木茂──著

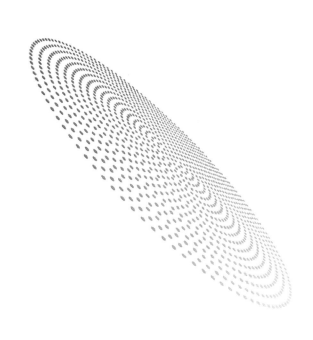

岩波書店

はじめに

「人格」ないし「性格」という言葉は、日常生活のさまざまな局面で使用されており、常識的には誰もがその意味するところを理解できた気でいる。しかし、いざ「人格」という概念に定義を与えようとすると、あまりにも多義的で漠然としていて、どのように定義し、いかように使用すべき言葉なのか、一般の人々には判然としなくなってくる。しかも、「彼は人格者だ」とか「アイツはどういう性格をしているんだ」といった表現から明らかなように、「人格」に関わる表現は、決して中立的・客観的とは言えない価値評価を含んでいる。

多義性と価値評価の混入という事情は、精神医学の専門家の間でも似たようなものである。これまでの「人格障害」論をひもといてみても、「人格」や「障害」の概念をあたかも自明なものとみなしているかのようで、基礎的な考察に取り組もうとする姿勢はほとんど見られない。また、患者の示す精神状態や行動特徴が「人格の問題だ」と言われるときには、それが基本的には脳ないし心の「病気」やきっかけとなった出来事の深刻さという本人にとっては外的な要因によるものではなくて、本人が生活史の中で形成してきた「心的態度」全般の歪みや未発達の結果だ、と患者自身が価値評価されているのである。

精神科医は日常の診療にあたって、精神医学的な診断とはいちおう区別して、背景にある患者の「人格」に多かれ少なかれ着目する。急性の幻覚・妄想状態や強迫神経症といった「病気」による華々しい症状が前面に出ている間は、背景にある「人格」はあまり問題にされない。しかし、急性期の激しい症状が軽くなってもなお「病気」が治らずに遷延《せんえん》するとき、その「原因」や精神状態の理解に占める「人格」という概念の重みが増してくるのである。

また、今日の社会に次々と発生する凶悪犯罪を見ていると、犯人が捕まって丹念な取り調べが行われた後でもなお、犯行の動機や、犯人の感情あるいは考え方に関する報告には、一般の人々の理解に苦しむ点が少なくない。「精神病による犯行」という大雑把な理解の仕方で(これは一面で、理解の放棄でもあるのだが)いちおうの納得を得ようとしても、専門家による精神鑑定の結果は、精神病ではなくて「多重人格」や「人格障害」であったりする。

これらの場面で使われた「人格障害」という概念は、いったいどのようなものなのだろうか。それはきちんとした根拠と妥当性をもった概念なのであろうか。本書でこれからみてゆくように、「人格」という概念をあまりにも厳格に固定化しようとする姿勢は好ましくない。概念化が常に完遂できないところに「人格」概念の本質と実効性があるので、必要以上に科学的に客観化された体裁の「人格」概念はあまり役に立たないし、実際には脆弱《ぜいじゃく》な基盤のうえに作られたものにすぎない。「人格」という概念の広範な使われ方をいったんは受け入れたうえで、それぞれの用法の妥当性と限界をみていくことが必要なのである。

本書の前半は、私がこの十数年来、名古屋市立大学医学部で行った講義をもとに書かれたものである。各章は相対的に独立しているので、第一章を読んだ後はどの章に移ってもよい。第二章前半の「障害」概念の批判はやや理屈っぽいから、途中で面倒に感じられたら飛ばして、具体的な症例に即した第四章や第五章の議論に移ることも一つの読み方だろう。

「人格」とその「障害」の概念化は、難しそうな言葉によって表面上権威づけられた専門家の御託宣などによってではなく、社会的な合意のうえに成立すべきものであり、理論的・歴史的な背景を踏まえたうえで広く開かれた議論を要する問題である。それは死の判定に関する倫理的問題などと同様に、専門家だけに任せておけばよいというものではない。本書は、そのような議論のための土台を提供しようとするものでもある。

目　次

第一章

人格とは何か

「人格」という用語の多義性

今日の精神医学で使われる「人格」という言葉は、英語のパーソナリティ(personality)、ドイツ語のペルゼンリッヒカイト(Persönlichkeit)を邦訳したものである。これらの西洋語の語源をたどれば、周知のようにラテン語のペルソナ(persona)という語に行き着くので、従来そこからさまざまな「人間学的」考察が引き出されてきた。本書では、そのような歴史に深入りすることは避けて、ペルソナという語の辞書的意味を確認するにとどめておこう。

(ペルソナとは)元来舞台で俳優のつける「面」を意味し、そこから「役柄」「登場人物」の意味に用いられ、さらにひろく一般的に役割、人柄を意味した。また面を通して語る人物ないしそのような声のでてくる面を意味するところから、奥にある実体を意味することにもなり、今日パーソン(person)という言葉で意味される個的人格や、(それ自体で完成した理性的な単一実体としての)キリスト神学上のペルソナ(位格)の概念などさまざまな用法が派生した。……ユングの心理学では、表にあらわれた仮面である社会的なパーソナリティを意味する。

(『哲学事典』平凡社)

ここでは、パーソナリティの原義が、他人（あるいは社会）の前に現れるときの仮面であって、自我（あるいは自己意識）を他人の目から隠蔽するものである、という点に注意を促しておきたい。

ところで、ペルソナに由来するパーソナリティという言葉が価値中立的に見えるのに対して、日本語の「人格」という言葉には常に価値評価がつきまとう。「格」は身分・位・等級を意味していて、「格が高い／低い」「格上／格下」「別格」といった表現に明らかなように、「高低」「上下」「優劣」などの「格付け」のニュアンスを帯びている。そこで、「人格」と聞けばわれわれは容易に、「高潔な」とか「卑劣な」といった形容詞との結びつきを連想してしまうのである。このことはそもそもパーソナリティの訳語として「人格」という言葉を採用することの不適切さを物語っている。

しかし、欧米の精神科医たちが患者のパーソナリティを問題にする際に、彼らも決して一切の「人格」的な価値評価を免れているわけではないだろう。建前はどうあれ、精神科を訪れる患者の中には、主治医がその「人格」に関して主観的な価値評価を抱かざるを得ない一群が、洋の東西を問わず確かに存在する。そうでなければ、主治医が患者に対して無意識的に抱いてしまう、治療上克服すべき感情（＝逆転移）を、精神療法家があれほど問題にすることもあり得ないだろう。第四章以下で論じるように、パーソナリティ論はもともと実践理性や美的価値判断の領域と完全に分離することができないのである。

「人格」という日本語を手許にある心理学事典でひいてみると、「人間の知性・意志・情緒を統一的に活動させる主体で、そうした活動が他者に及ぼす影響の全責任を引き受ける根拠。人間の人間である根拠」などと、難しく抽象的な定義が述べられている。別の事典では「人間の行動の背後にあって、その個人なりの行動様式や考え方などを生み出し続けている態度の総体」と簡潔に定義してある。また、広辞苑(第四版)をひいてみると、「①人がら。人品。②(心理学で)ある個体の認識的・感情的・意志的および身体的な諸特徴の体制化された総体。③道徳的行為の主体としての個人。自律的意志を有し、自己決定的であるところの個人。④法律関係、特に権利・義務が帰属し得る主体・資格」と記されている。広辞苑のこの定義は、人格という言葉の多方面にわたる使用法を網羅していて、なかなかよくできているのではないだろうか。「人格」とは、きわめて日常的に使用される言葉であると同時に、倫理学・心理学・法学・神学といった多くの領域を横断する概念なのである。

そもそも、日常当り前に使われている基本的な言葉は、あらたまって定義を迫られるとなかなか難しく、どんな定義も完璧とは言えないのが通例であろう。この種の言葉は、定義を明示的に述べられなくとも、正しく使えれば(用法的意味を体得していれば)十分なのである。重要なことは、「人格」に類した概念をもたなければ、人間の行為や社会の出来事についてわれわれは語れないし、相手に人格のようなまとまりを想定しないとなると、日常の対人関係でさえ円滑に営めなくなってしまうという点にある。その意味で「人格」という概念は、物の知覚や記憶が成り立つためには空間・時間という枠組み概念が欠かせないのと同じような意味で、対人的な体験を構成し物語るうえで不可欠の座標軸となるような基本概念、と言ってよいだろう。

「人格」判断の不可避性という原事実

それでは、われわれは日常、他人の人格をどのようなやり方で判断しているのだろうか。だれも他人が心の中で考えていることを見透かすことはできないのだから、われわれが他人の人格を判断するのは彼の行動的・言語的表出を通じてでしかない。つまり、彼の振舞いと発言によってである。その際、他人の言動の背後に彼の心を想定するにせよしないにせよ、われわれの人格判断は、(「この人は頭が良く、シャイで正直な人だ」といった具合に)またしても言葉によって行われる。判断される側の発言にも判断する側の人格評価にも言葉が介在しているのだが、性格特徴を表現する同一の言葉が両者の間で同じ意味や価値をもって使用されているとは限らない。たとえば「こだわりをもつ」といった表現は、年配の人々には否定的に、若い人たちには肯定的な評価に聞こえるであろうし、若者が使う「カワイイ」という言葉の多様なニュアンスの違いは、大人たちにはわからないだろう。

人格判断の内実をこのように検討してみると、それが客観的な正確さをもった判断であるとは、とても主張できないだろう。われわれの人格判断は、客観的には不確実な、有り体に言って憶測に近いものである。それにもかかわらず、われわれは何故そのような問題ある行為を敢えて行うのか、と言えば、それなしには日常生活でひとつも行動を起こせないからであろう。

われわれは毎日の対人関係ですでに、いちいち意識することなく、働きかける相手に人格的なまとまりを想定し、それを読み込んだ上で行動を起こしている。子どもは母親から小遣いをせしめるために、母親の反応を予測して「どう切り出したらよいか」をあらかじめ考えるだろうし、部下は上司の性格からくる反応を考慮しながら報告を行うだろう。ある学生がノートの借用をA君に申し込むとき、彼の行動は、「B君は快く貸してくれるが、字が汚いし、内容も信頼性がない」「C君のノートはきちんとしているが、貸し惜しみをするので、頼むと面倒なことになる」などの、必ずしも意識には上らない多くの付随する人格判断を前提にして、選択されている。相手に人格的なまとまりを想定しないで、つまり相手から返ってくる反応を全く予想しないままに行動を起こしていたら、われわれの日常生活はひどい失調を起こしかねない。血液型による性格判断などが、本当に根拠があるのかどうかは疑わしいにもかかわらず滅びない理由は、われわれが他人を相手に行動を起こす際に、相手の反応を推測するための何らかの枠組みをともかくも必要としていることによるのであろう。推測した内容が結果的に間違っていたことは、推測の枠組みが全く存在しない状況と比べれば、決定的な難点ではない。間違ったなら、そのつど事後に修正してゆけばよいのであって、相手の人格に対する理解は、むしろそのような試行錯誤の積み重ねによってかえって深まるとも言えるのである。

実際、人間の社会的な成長を占う標識の一つは、相手の考えや反応に対する推測可能性の数を増やして、その中から一つを選択できる能力にある。推測の結果が同じ場合でも、そこに至る過程で考慮された可能性の数や質(読みの深さ)が違えば、推測が外れた際の修正の柔軟性や自由度がおのずと違ってくるであろう。マニュアルに従うだけの「硬い」選択では、予測が外れたときの破綻可能性が大きいのである。

このようにして、人格判断というのは、そのつど誤るかもしれないけれども、実生活上行わざるを得ない暫定的な判断の積み重ねである。それに学問的な根拠(真理性・確実性)が乏しいからといって、実践的な理由の切実さ(不可避性)を何ら否定できるものではないだろう。人格の概念は科学的に十分基礎づけられるものではないけれど、われわれはそれなしに生きられないのである。

私がこれこれの性格の人とみなしているA氏に対して、そのような性格の人間が聞いたなら容易に腹を立てると推測できるような問題を、まずいタイミングで平気で切り出す人がいる。本人は少しも「まずい」とは感じていないようなので、傍から見ている私の方がハラハラしてしまう。読者も、そのような体験をしたことがおありだろう。いわゆる「人間音痴」の人の存在である。このような人は、あちこちで摩擦を起こす可能性が大きいために、生きる上で人よりも余分な困難を抱え込むことになってしまう。しかし、そのように「不器用な」人の方が、人格判断の達者な「世間擦れした」人よりも正直で人間味に溢れていると、かえって好ましく評価される場合もあるのだから、この問題は一筋縄ではゆかないのである。

人格判断が重要な意味をもつ場面は多様である。たとえば現代の内科医や外科医には、患者が自分で病状を理解できるように、検査や治療法に関していちいち説明しながら同意を得ていく義務が課せられている。いわゆるインフォームド・コンセントである。重病を患って、ただでさえ不安な毎日を送っている患者に対しては、相手の性格に合わせたインフォームド・コンセントでなければ、患者をますます不安に陥れたり医療不信のもとになったりする危険性があるだろう。患者の人格に関して適切な判断が求められているのは、今日では精神科医に限ったことではないのである。

「人格」の類義語

「人格」の類義語には「性格(character)」や「気質(temperament)」といった言葉がある。これらの言葉に意味の細かな違いを盛り込もうとする向きもないではないが、私はほぼ同義語とみなしてよいと思っている。たとえば「性格」が後天的に獲得されるのに対して、「気質」には「遺伝的・身体的に規定された」性格といったニュアンス(たとえば「親譲りの気質」という表現)があるが、そんな詮索よりも重要なのは、人格という概念の中身をとらえる際の視点の区別である。それには、人格を構造的に「自我+無意識」とする考え方や、発生的に「発達上の固着段階」とみなすような考え方が挙げられる。

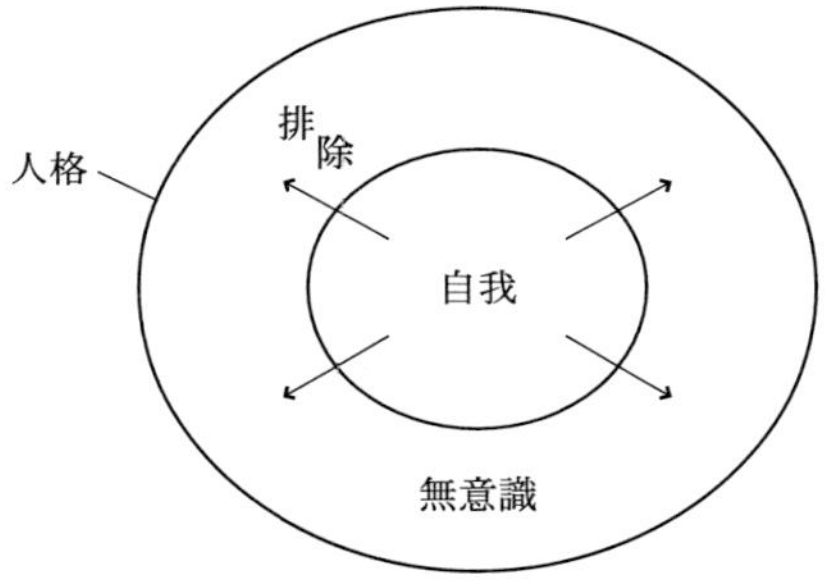

図1

「人格」=「自我+無意識」

「人格」=「自我+無意識」というのはサリヴァン流の機能主義的なとらえ方で、人格を中心にある「自我」とそれを取り巻く「無意識」という二つの部分から構成されたものとみなすのである(図1)。ここで「自我」は、本人が直接意識することはできるが他人からは見えない部分である。それに対して「無意識」の部分は、(定義により)自分では認識できない一方、行動として対人場面に表出されるので、他人たちは(ある意味で)それを認識でき、それにもとづいて相手の人格に関する判断を下すことになる。そのため、人格に関する自己評価と他者からの評価との間には必然的にズレが生じるが、そのズレが大きいほどその人間は精神的に不健康で、対人的なトラブルも起こりやすくなるだろう。

たとえば、自分では「面倒見のよい、親分肌の男」と自認している男性が、部下たちからは「口うるさく干渉してくる権威的な男」とみなされていたり、自分自身を「寂しがり屋の、いたいけな少女」と感じている女性が、その振舞いから周囲の人々には端的に「ぶりっ子」と呼ばれていたりする。あるいはイジメと呼ばれる現象は、加害者にとっては習慣化した無意識の行動を、被害者の方は自分にダメージをもたらすような人格から被る行為として詳細に記憶する点に特徴がある。双方の意識の間のこのズレの大きさが、第三者の無関心とあいまって、イジメの有無に関する客観的な判定を困難にしているように思われる。また子どもは、親に面と向かって言われたことよりも、親がふだん子どもの前で見せている言動から多くの影響を受けている。親にとって前者は自覚的行為だが、後者は意識できない行為に属するから、親子間の伝達意識にもズレが生じやすいわけである。このように、人間は存外、自分自身(の表出とそれに関する他者の評価)をよく知らないものなのである。

ところで、「無意識」の部分を構成するものは何かというと、それは幼児期以来周囲の人々との間で体験してきた、安全感を脅かす不快な出来事の集合体と考えられている。この体験記憶を意識に呼び起こすことは現在の私を不安に陥れることになるので、それは通常、自我によって意識から排除(=解離)されている。しかし、この不快な諸体験を通して身についた言動のパターンは現に存在しており、その人の現在の人格を構成する重要な要素として行動面には表出されている、というわけである。

人格判断における自他の非対称関係

このように、人格に関する判断は当人と他者の双方によって行われるわけであるが、ここで重要なことは、人格判断の優先権は、当人の側よりもむしろ他者たちの側にある、という点である。体験に関することならば、たとえそれが錯覚や幻覚とみなされようとも優先権は当人の側にあり、精神科医にせよ一般の他人にせよ「あなたはそんな体験はしなかったはずだ」などと断定する権利を原則的にはもっていない。他人が体験している事柄を把握したり追体験したりするといったことが本当の意味で可能であるか否かは難しい問題だが、そもそも相手の体験に感情移入ないし共感しようとする姿勢は相手との渾然一体化を目標とするものであって、相手の人格を外から観察し知的に把握しようとする行為とは根本的に違っている。両者は、同時的にはほとんど並立しがたいだろう。

他方、自分自身の人格判定は、人間にとってもっとも困難な行為の一つである。「私はこれこれ、こういう人間だから」などと熱心に主張している人を時おり見かけるが、その発言は到底相手にそのまま受け入れられるはずがなく、むしろ自分を評価する材料を相手に提供する結果にしかならない。聞き手は彼を、彼の言うとおり「これこれ、こういう人間」とみなすよりも、「これこれ、こういう人間だ」と人前で自分から口にする人間」として理解するであろう。この簡単な道理が理解できず、この種の自己弁明を繰り返している人々が世の中には少なくない。

とは言っても、上述の議論は、他者たちが彼らの(あくまで私的な)人格判断に客観的・普遍的な妥当性を主張できるという意味ではない。私の人格に対する彼らの判断もまた、原理的に誤る可能性を含んでいる。しかし、それよりも大切なことは、他者の人格をアレコレと判断する能力を高めていく過程は、自分なりの判断の基準をつくっていくことで、判断する側が自分の「自己同一性」を強化し固定化していく過程でもあるのに対して、本来の他者とは決して対象的に捉えられるものでも意味的に解釈されるものでもない、という考えを対置させる必要があるということである。さまざまな視点からの他者把握行為がすべて挫折してしまう地点で初めて、われわれは不可知性を備えた正真正銘の他者に出会う。功利的な視点からする分類や人為的な意味づけやさまざまな価値評価の限界を思い知らされたときに初めて、他者の存在自体を端的に受容することを余儀なくされる、と言ってもよいだろう。私の目の前には決して現れることのない共同体外部の人々や将来生まれてくる子どもたちもまた、私にとっての他者であり、人格における倫理性は、後述するように、何よりも目に見えない他者に対する姿勢のうちに現れてくるのである。

他者の人格を分析したり意味づけたり理解しようとしたりすることなく、自己の同一性を崩してまでも相手の人格を問わずに遇するような態度は、しかし、生物としてのヒトの起源に最初から備わったものではないだろう。それは、対人的・社会的な経験を積み重ねる中で人格判断の能力が一度身についた後に、改めて到達すべき目標となるような他者の次元である。

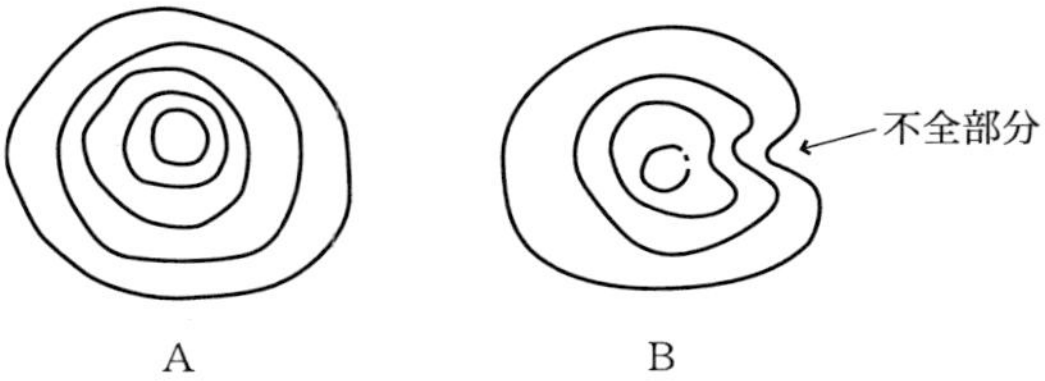

図2

「人格」＝「発達上の固着段階」

次に、人格を「発達上の固着段階」とみなす精神分析の考え方がある。これは、人間にとって重要な身体領域が年齢に応じて変化してゆく、という観察にもとづいている。図2を見ていただきたい。図Aに描かれた年輪ないし玉葱の横断面のようなものが、現在の「自分」の模式図であり、一つ一つの年輪あるいは玉葱の一皮ずつが、各発達段階で生じた、暫定的に安定した構造としての「そのつどの自己(＝部分自己)」を表している。

人間は大人になるまで、前の段階で出来あがった部分自己の上に、次の段階の学習体験から作られた部分自己を次々と(玉葱の皮を重ねるかのように)累積してゆくことで現時点の「自分」が成立している。最も内側の皮は一歳までに出来た自分で、この段階の赤ん坊は、母親の乳房を吸うことで栄養と安心感を得ることが生活のすべてであり、もっぱら口の部分を最重点領域として生きているので、この時期は精神分析で口唇《こうしん》期と呼ばれている。その後半期に歯が生えてくると、子どもは強く吸いたいのだけれども歯が当たると母親から叱られてしまうので、「咬む」ことと「吸う」ことの間の葛藤に曝《さら》される発達段階に入ることになる。そのすぐ外側の皮は、三歳くらいまでのトイレの訓練期に出来上がった部分自己を表している。手足の筋肉や肛門括約筋が発達してきたこの時期に、子どもはトイレの訓練のために腸を強く意識させられるから、自分の身体に関する関心は腸や肛門部へ移らざるを得ない。排便がうまくゆけば自分でも気持ちが良いうえに親にもほめられる。失敗すれば叱られて自信を失うので、便の保持と排出にいよいよ注意を払っていなければならなくなる。その時期が済めば、次は「幼児仲間と一緒に遊ぶ」といった学習課題に応じた部分自己が形成されてくる。

そこで、図Bのように、早期の発達段階の部分自己にキズを負ったまま大人になると、その部分がその人の人格上の弱点となって残る、ということが考えられる。たとえば、トイレの訓練をあまりに厳しく受けすぎた人は、大人になってからも絶えず腹具合を気にしたり(過敏性大腸炎)、時間の厳守や金銭の倹約や礼儀正しさといった点で相手を息苦しくさせるほど融通がきかなかったり、細かいことにこだわって自己流の秩序を少しも崩せない頑固で堅苦しい人になったりする。一歳までの口唇期に十分甘えられなかったり、逆にどっぷり甘えすぎたがために次の段階へ移行しにくかったりした子どもが大人になると、甘えの強い依存的な人格になったり、美食やおしゃべりなど絶えず口の領域から快楽を得ようとする欲求が強く残ったりする。そういう風に、発達段階での弱点が、その人の人格特徴(感受性や趣味判断や対人的基本姿勢)を規定してしまう、というわけである。

ふだんはそのような性格や行動特徴を示さず成熟した大人として振舞える人であっても、ストレスに曝されたときや愛情関係の中で退行的な気分になったとき、また痴呆化したときなどに、問題を残していた発達段階の行動特性が再燃してくる場合がある。発達上の固着段階が人格を規定するということは、そのような意味においてなのである。

生物学的次元からみた人格

ヒトも動物であるかぎり、その行動には生物学的・身体的な基盤がある。行動面に現れる人格特徴は、外からの観察や数量化がしやすく、また脳によって規定される部分が大きいと考えられるので、生物学的な性格研究には適している。近年、神経科学や遺伝子研究の急速な進歩を受けて、人々の気質や行動パターンの相違を、脳内の神経伝達物質や遺伝子配列の個体差へ還元しようとする研究が行われるようになってきた。神経細胞内のDNA文字配列の微妙な違いが、シナプス(＝

神経細胞の接合部）における神経伝達物質の放出に個体差をもたらすことによって、性格に影響を与えるというのである。

たとえば神経伝達物質の一つに、脳神経を賦活《ふかつ》して意欲や集中力や快感を高めるドパミンという物質があって、その受容体（＝神経細胞の接合部にあって、放出される伝達物質を受けとることにより信号を伝える部位）の一つであるドパミンD４受容体（D４DR）は神経細胞の興奮を抑える働きをしている。ヒトのD４DRを作る遺伝子は第一一染色体にあるが、この遺伝子の第三エキソンという部位には、四八個の文字配列が何回か繰り返されている部分がある。その繰り返しの回数は、個人によって二回から八回までと異なっていて（このような個体差を遺伝子の「多型《たけい》」という）、繰り返し回数の多い人ほどD４DRを作る遺伝子も長くなる。

ところで、次々と危険な行動に駆り立てられる冒険家や、とりたてて不都合はないにもかかわらず転居・転職を繰り返したり新しい物を次々と購入したりしたがる「新奇なものに惹かれやすい」行動傾向をもった人たちの遺伝子を調べてみると、第三エキソン部分の繰り返し配列が六回以上の、長いD４DR遺伝子をもった人が多い、という報告が一九九六年になされた。つまり、「新奇探索傾向」という性格と遺伝子の多型との間の因果関係が示唆されたわけである。しかし、D４DR遺伝子が「新奇性の追求」に影響を与えるメカニズムについては、ほとんどわかっていない。長い遺伝子によって作られたドパミン受容体は、その構造上の欠陥から細胞の興奮を鎮めるための命令を十分に伝えることができず、神経細胞が興奮し続けるために「新奇なもの」に惹かれ続けることになる、ということらしい。犬の場合でも、柴犬のＤ４ＤＲを作る遺伝子は、レトリバーのＤ４ＤＲ遺伝子と比べて、繰り返し配列が一二文字長いことが突き止められている。柴犬の行動は、確かにレトリバーに比べて「好奇心が強い」ように見えることから、「新奇性の追求」という心理的・行動的な性格が遺伝子の長さという生物学的な事実に関連しているという主張は、種を超えて妥当するもののように推測されている。しかし、「新奇探索傾向」の著しい人の中にもＤ４ＤＲ遺伝子の長くない人はいるのだから、この行動傾向が単一の遺伝子によって決定されているとは到底考えられない。

「気質とＤＮＡの繰り返し配列多型との関連」は、安心感や慈愛心をもたらす抑制系の神経伝達物質であるセロトニン（５ＨＴ）に関しても報告されている。子ザルに冷淡な母ザルは５ＨＴの量が少ないし、そのような母親に育てられた不安の強い子ザルでは生後５ＨＴの量が減少してしまって、再び増えることがないという。このような形で５ＨＴはパーソナリティの形成に大きな影響を与えているが、それを構成しているある種の蛋白を作る遺伝子が第一七染色体に見つかっている。その遺伝子を作動させる部位の長さ（＝プロモーター領域におけるＤＮＡの繰り返し配列の回数）が不安や自殺傾向の個体差と関係しているというのである。

性格と関連する遺伝子を同定しようとするこの種の研究の問題点は、性格の判定そのものが行動観察と言葉による記述という方法でしか遂行できないために主観的なものの混入を免れない、という点にあるだろう。たとえば「新奇探索傾向」の判定なども、主に言葉による本人への質問を介して行われているが、自分や他人の一々の行動を、不安・抑うつ・好奇心・警戒・禁欲・自信過剰等々にもとづく行動である、と言葉で規定し分類する行為には、やはり判定者の恣意や語感が入り込む。それに、これらの行動を表現する言葉はもともと社会的・対人関係的な文脈の中でしか意味をもち得ないのだから、言語によって分節化された行動の「原因」をもっぱら物質の次元にのみ求めることはできないし、いわんや単一の遺伝子の働きに還元することなど、もともと無理な話なのである。

客観的性格学のアポリア

さて、次に人格を客観的に類型化する可能性について議論しておこう。精神医学や心理学の書物には昔から「分裂気質」「循環気質」「てんかん性格」「強迫性格」といった性格類型が豊富に記載されているし、近年では「多重人格」とか「境界性人格」といった性格類型が新聞や週刊誌を賑わせるようになった。これらの概念は客観的な人格カテゴリーとして、どの程度信用がおけるものなのであろうか。

性格を類型化したり客観的に対象化したりする試みには、性格の概念がそもそも含まざるを得ない幾重もの二面性に由来するジレンマがつきまとっている。すなわち、性格というものは、(a)普遍性と個体差をともに備えていて、(b)恒常的でも可変的でもあり、(c)単一的かつ複数的であらねばならない。どちらか一方の要素だけでは成立しないから、結局は程々のバランスに甘んじるしかなく、客観的な学問としての性格学は不徹底にとどまるしかないのである。

(a)普遍性と個体差(共通性と差異)に関して言えば、ある性格を客観的に対象化するための特徴的な標識を求める場合、多くの人に共通する傾向に着目しすぎると、とどのつまりは人間である限り誰にでもあてはまる標識に行き着いて、それは性格を弁別する標識として役立たなくなる。他方、個体差を見出す方向を極度に推し進めると、すべての個人が何らかの点で彼以外の人と違っているということになって、類型学が成り立たなくなる。いずれの方向にせよ徹底すれば類型学は破綻してしまう。

(b)恒常性と可変性についても、人間の考え方や行動様式は長期間かなり安定していて不変であるという恒常性の前提が、相手の反応を予測する日常の行為や客観的な性格学を可能にしている。その一方で、性格を全く変わらないものとみなすとなると、人間が成長・発展し得ることや環境の影響などが無視されることになって、これも実態にそぐわない考え方になってしまう。ここでも一方に徹底できず、要はバランスの問題になってくる。

(c)単数性と複数性に関して言うなら、人格という言葉は、前に述べたように、そもそも「仮面」という意味のペルソナから発して、広く「役割」一般や「社会的なパーソナリティ」をも意味するようになったものであった。それでは、一人の人物が家庭や職場や交友関係といった複数の共同体の中で異なった「仮面」をつけ、さまざまな役割をこなす現象を、人格に許容される複数性と考えるべきなのか。それとも、人格はやはり「統合された」同一性をもつ単数として要請されなければならないのであろうか。この問題は、今日増加しつつある多重人格障害の責任能力をどう考えたらよいのか、という実際的な問題にも関わってくる。

法則定立性《ノモテーティッシュ》(nomothetisch)と個別記述性《イディオグラフィッシュ》(idiographisch)

ものごとを一般化・普遍化するには、法則定立的と個別記述的という二種類のやり方がある。前者は多数例から共通する部分を抽出して類型化するという自然科学的手法に則した一般化であり、後者は一つ一つの個別例を深く掘り下げてゆくことによって一般的・普遍的なものに到達しようとする、どちらかと言えば人文科学的なアプローチである。しかし、事例検討(Kasuistik)という方法が使われるのは、何も精神医学の臨床に限ったことではない。今でも使われている身体病の病名の中には、かってわずか数例の事例に対する詳細な病理解剖学的検討の中から個別記述的な方法で作り上げられた疾患単位が少なくないし、臓器移植のような最新医療にしても一例ずつの詳細な事例検討から始まるのである。

客観的類型の確立は法則定立的な方法によらざるを得ないが、人格の本質的部分は「独自の個性として現れる一回的なものだから、法則化はできない」という反論が当然あり得るわけである。野口英世や織田信長や宮崎勤を「偉人」とか「パラノイア」とか「ロリコンおたく」といった一般的な類型の中に回収しようとしたところで、彼らの生活歴を詳しく知れば知るほど、そのような類型へ属せしめることでは彼らの人格の本質的部分についてほとんど何も語り得ないということが実感されるようになる。本格的な精神鑑定などで人格を描出するのには、やはり伝記や小説のような個別記述的な方法に頼らざるを得ないところがある。ここでも、二つの方法が相補的に必要となってくる。

客観的判断と主観的判断

以上、性格学における客観化の限界について一望してきたが、結局のところ性格学のジレンマは、客観性と主観性の対立という問題に集約されるだろう。そこで次に、性格に関する客観的な判断と主観的な判断とを比較検討してみよう。

性格に関する客観的判断の典型例は性格テストであり、主観的判断の典型例は日常の対人関係の中で行動の指針として無意識的かつ直観的に遂行される性格判断であろう。そのどちらが実際により役立つかと言えば、間違いなく後者の方である。そもそも精神科医は、性格テストをあまり当てにしていない。それは、プロの大工や料理人が、素人に教えるときででもなければ、「物差しで測って何センチ」とか「小さじで何杯」といった客観的数値を介在させないのと同じことである。テスト(とくに質問紙による人格テスト)があまり役立たない理由は、人の性格とか行動上の特徴が本当に現れるのは、テストが設定するような一般的・抽象的な環境下においてではなくて、特定の相手との具体的な対人状況の中でだからである。性格テストにおける解答は頭で考えられたものであるが、本当の性格はむしろ、対人関係の場における反射的・無意識的な反応行動の中に表現されるのである。その人が「立派な人」であるか否かは、その人がふだん語っている言葉よりもむしろ実際に困難な状況に陥った際のその人の反応から判断されるべきであることは言うまでもないだろう。

客観的体裁をとった判定が主観的な判断よりも本当の意味で「客観的」とは限らない。愚かしい客観的判定の例を人格判断以外の領域に求めれば、経済企画庁が毎年発表していた都道府県別の「豊かさ指標」がある。連続日本一を獲得した北陸の県民も、いつも下位に位置づけられる東京近県の県民も、こぞってその順位に首を傾げ、抗議したりするものだから、とうとう廃止されてしまったようである。客観的な順位づけのための指標の選択やそれらの総合の仕方が、恣意的なのである。そんな客観性指向よりも、「あなたはどの県に住みたいか(住みたくないか)」と各人の主観を問うアンケートによって順位づけをした方が、よほど意味があるのではないだろうか。

ところで、同一人物に対する人々の評価が全く食い違うということは、日常的にいくらでも見られることで、たとえばP君の人格に関して、A君は「誠実で几帳面な男」と判断する一方、B君は「不誠実でズボラな奴」と考えている。両君の判断がこのように異なっている場合でも、どちらか一方が間違いを犯しているとは必ずしも言えない。両君の評価の相違が全く主観的なものであるというためには、P君が誰に対しても同一の振舞いをするという前提条件が必要だが、そのような仮定はあまりに現実離れしている。P君がA君に対しては誠実に振舞い、B君とはウマが合わないのでいい加減に振舞っている可能性も十分に考えられるのである。そうだとすれば、両君の主観的な評価の相違にはある種の「客観的」根拠があることになる。「あの人の前では不思議と素直になれる」とか「あの人には何故かイライラさせられる」と名指しされる人物は、万人に共通というよりも、むしろ個人によって異なっていることが多い。となると、個人がどんな状況下でも誰を相手にしてもほぼ一定の反応様式をとることを前提にした客観的・普遍的な性格の存在などは絵に描いた餅ということになってしまう。

ロールシャッハテストの折衷性

主観的な要素を完全に払拭してしまったような性格学は臨床にほとんど役立たないが、性格テストの中には主観的な要素を多分に残した折衷的なものもある。たとえば、インクのしみで作られた図版を見せて、そのしみを知覚する仕方の中に被験者の人格や無意識の投影を探ろうとするロールシャッハテストである。このような投影法による人格テストは、確かに質問紙法とは違って人格をかなりの深さにおいて映し出すだろう。このテスト結果の整理法や解釈法に関しては、客観化のためのさまざまな記号化や数量化が発案され、近年ではコンピュータを導入した解釈まで行われている。しかし、精神科医が被験者の人格を感じ取るためには、客観的数量化以前の生の反応資料を見せてもらう方がはるかに役に立つのである。客観的な体裁を整えれば整えるほど、公けに出す文書としては適するだろうが、当初の現場にあった内容の豊かさと輝きが失われ、頭を使った事後的な作文になりがちなのは、どの分野にも共通することである。

ロールシャッハテストでは、形態・運動・色彩・材質といった知覚を構成する諸要素の中でいずれの知覚がその反応を決定する主因として働いたのかを峻別する。たとえば、被験者がある図版に「一匹のクマが見える」という同一の反応を出したとしても、それが単に「形」ないし「輪郭」にもとづいたクマの知覚なのか、それとも「クマがじゃれ合って踊っている動き」を見ているのか、あるいは「真っ黒い色」からクマを連想したのか、さらには毛皮を思わせる「濃淡」ないし「肌《き》理《め》」からクマをイメージしたのかなど、要するにその反応を決定した知覚要因の違いが重要視されるのである。そして、「形態反応」の優勢は杓子定規な性格やうつ病になりやすい人に、「運動知覚」の多さは情緒の安定と内的な精神活動の豊かさに、「色彩反応」は情緒の不安定や外向性に、「材質反応」は不安をもちやすい繊細な感受性などに関係づけられる。この関係づけの妥当性は、経験的・統計的には確認されているものの、理論的根拠は明らかではない。

しかし、近年の脳科学で有力な「視覚情報処理のモジュール説」によると、視覚過程の初期段階は、色・明るさ・運動・奥行き・肌理といった対象の諸特徴を、モジュールと呼ばれるそれぞれ独立の経路で処理しており、その後に「形」を認識すべくそれらが統合される、ということなので、ロールシャッハが知覚決定因の相違に関連させて提唱した「体験型」という(四つの)基本類型が、脳の神経回路における情報処理の仕方の違いを反映した最新の「科学的な人格類型」である可能性も考えられないではない。

言葉の介在

前に述べたように、人格の機微に対応する物質的な基盤はほとんど知られておらず、各々の人格類型はほとんど言葉だけによって規定されている。われわれが性格を表現するのに日常使っている形容詞は二、三百語であるとか、英語の辞書には一万八千語ほど載っているとか言われるが、性格を形容する言葉の意味は、各人の語感にもとづく主観的なニュアンスを帯びることが避けられないし、歴史的・社会的にも変化するので、どこまで客観的に同一の意味で使用されているのかは大いに疑問なのである。先に触れたように「こだわり」「カワイイ」「敏感」「繊細」といった性格を表す形容詞の意味や価値は、人によっても時代社会によっても大いに変化する。だから、話し上手の人は、人物の性格特徴を伝達するのに、このような形容詞を連ねるよりも、実際にあったエピソードを披露して、それにどんな形容詞をあてはめるかは聞き手の側に任せてしまうのである。性格を形容詞にまで還元してしまうと、客観的というよりもむしろ外面的な、底の浅い標識にすぎなく思えてくることはさけられない。要するに、人格特徴に関する記述は、もともと間主観的な差異と言葉の多義性とに大きく制約されているので、十分な客観化は不可能なのである。この領域で科学的厳密さや固定性(最終決定・変更不能性)をいたずらに求めるべきではない。

歴史的に意味が変遷するのは、何も性格に関する用語に限ったことではない。一見不変に見える学術用語、たとえば「原子」「力」「遺伝子」「ウィルス」といった科学用語でさえ、実は科学の発展段階によってその体系内で異なった意味内容を盛られてくるのである。たとえば、現代医学における「免疫」の概念は、ジェンナーの種痘《しゅとう》法に含まれていた免疫の意味とはおよそ懸け離れた内容になっている。そのうえ、生命体に与えられた用語では、名称が同一であっても、その実体は環境への適応や進化によって時間とともに変化してしまっている場合が少なくない。たとえば「大腸菌」という名称の生命体は、薬物に対する耐性の獲得によって、実体そのものが一〇年前のそれとは大いに異なっている。おそらく「人間」と呼ばれるものの内実も、産業革命や核開発、コマーシャリズムの台頭、あるいはIT革命を経るにしたがって別ものになってきているに違いない。ソシュールが論じたように、個々の言葉は共時的にも、他の言葉から独立した意味を担う実体的な存在ではなくて、同じ言語体系内の他の語との間の関係や差異のみを表現するという、消極的・非実体的な価値しか担っていない。性格を表す言葉の境界の曖昧さや意味の変化は、大局的に見るなら、あらゆる言語がもつ上述のような性質の現れにすぎないと言えるだろう。

人格類型の時代的変遷

いったんは客観的に確立したかのように見える人格類型でも、時代・社会の変化とともに盛衰することが少なくない。たとえば「分裂気質」や「循環気質」という人格類型が、(おのおの細長型と肥満型という)体格や(分裂病と躁うつ病という)精神病の発病に関連性をもつというクレッチマーの学説は、より厳密な統計学的研究によって今日では否定されてしまった。もっと典型的な例は「てんかん性性格」であって、歴史的な浮き沈みを経て、今日では廃語に近くなったと言われている。

細川清によれば、第一期(一九〇〇年以前)には前学問的・非統計学的に「てんかん患者はすべて、精神遅滞を伴い、てんかん性荒廃に至るもので、いわば邪悪なもの」と考えられていた。第二期(一九〇〇―三〇年)は「てんかん性性格」概念の確立・隆盛期であり、鈍重・緩慢・粘着傾向・頑固・しつこさ・爆発性といった性格や行動特徴がてんかん患者に結びつけられた。しかし、第三期(一九三〇―四八年)になると「てんかん患者の性格は本質的には正常、ないし正常範囲内の変異におさまる」とトーンダウンし、第四期(一九四八―)に至っては側頭葉発作をもつてんかん患者にのみ「攻撃性・暴力的・学習不全」といった特有の性格を認めることとなった。さらに一九六〇年代に入ると、ヤンツというドイツの精神病理学者が、粘着性や固執性によって特徴づけられる従来の「てんかん性性格」は睡眠中に発作を起こすタイプのてんかん患者にのみあてはまるものであって、覚醒後二時間以内またはホッと一息ついたときに大発作を起こす「覚醒てんかん」というタイプの患者の性格は、『白痴』のムイシキン公爵のように、子どものような天真爛漫さとナイーブさ・抑制のなさが特徴であるとした。このような変遷の果てに、今日の通説は「てんかん患者に共通の性格傾向は見出せない」というものである。

今後再び、なんらかの内容をもった「てんかん性性格」の特定される時代が来るかもしれない。また、これまで時代とともに消長の歴史をたどったからといって、必ずしも「てんかん性性格」の概念自体が全面的に誤りないし無意味であったと断じることもできないだろう。現在は実在しないものであっても当時は実在したのかもしれないし、少なくともその時代の研究や診療を導くパラダイムとして役立った可能性はある。

人格とは人間が社会に向けた「顔」であるから、人格類型というものは社会的・歴史的に規定されている部分が少なくない。人格の類型化が最終的な固定性をもち得ない一因はその点にもあるのだろう。たとえば一九五〇年代までは摂食障害患者の病前性格は分裂気質が多く、うつ病患者の病前性格は循環気質が多いと言われていた。しかし、七〇年代に入ると両疾患の病前性格に強迫性性格の占める割合が高くなり(「嫌われることを恐れてイヤと言えず、汲々と同調に努める女子」とか「働きばちの中間管理職」に見られるように、他者の目に対する配慮を最優先の基準にして自分の生き方の秩序を作ろうとするタイプ)、八〇年代以降は逃避性や衝動性の強い未熟な依存的人格が摂食障害やうつ病に陥るケースが増えてきた。それと同時に、摂食障害はかつては中流以上の、経済的にも知的にも恵まれた階級に好発する疾患であったのに、今や低学歴・低所得者層にまで拡散し浸透してきている。この数十年間を回顧してみると、強迫性性格、次いで未熟な依存性人格の増加は、一億総中流化の意識とその破綻という日本社会の変動をそのまま反映したものに見える。これらは実は個人の性格特徴というよりも社会自体の性格特徴であって、かつて摂食障害やうつ病患者の病前性格として取り出されたものはすべて、実は単に「その時々の時代風潮に染まりやすい人格」というに過ぎなかったのかもしれない。そうだとすれば、これらの疾患の病前人格類型が時代とともに異なってはきても、それらの人格類型が社会的諸関係の体系のなかで占める位置と価値は時代を通じて変わっていない、とみなすこともできるだろう。

第二章

人格と障害

第一章で述べてきたのは、⑴人格の判断が、日常生活や精神科臨床のうえで避けられないために、⑵他人をアレコレの人格だと、簡潔に名指すためのレッテルが求められるようになって、⑶人格を分類し、「客観的」に類型化する試みがなされる、という経緯であった。しかし、⑷このようにして作成された「○○人格」という類型は、言葉による規定と時間的変化に由来する限界を免れない。ところでこの思考プロセスは、多くの問題を含みながらもさらに学問的な体裁をとって、⑸作成された各々の人格類型の中に正常と異常(ないし障害)の区別を持ち込み、それを「診断」の対象とする、という地点にまで突き進んでしまう。本章で検討するのは、この「正常／異常」や「障害」(disorder)という概念を人格に対して適用することの是非に関わる諸問題である。

対人行動の手がかりとして自分の心の中だけで相手の人格を憶測する営みと、「障害」とか「診断」と銘打ってその人格判断の客観的妥当性を主張する行為とでは、おのずからレベルが異なっている。前者は、基本的には各人の自由に任されてよい行為であろうが、後者は、厳しく見れば「差別を招くレッテル貼り」であり「擬似学問の体裁をとった政治的産物」として非難される余地も出てくるであろう。そこで、「障害」という考え方がどのような根拠と妥当性をもっているのかに関して、批判的な考察をしておくことが欠かせなくなる。結論だけをここに先取りしておくと、筆者は、(1)人格の領域にdisorderという概念は不要であり、そのうえこれを「障害」と邦訳することはさまざまな誤解を招くもととなるので避けるべきである、(2)「異常」という言葉の方が、「障害」という言葉よりもまだしも実態を反映しているが、(3)「異常」というレッテルが必要とされるのは、われわれが「正常」という概念に依存する限りにおいてのことで、(4)「正常」という虚構がかろうじて維持できるのは、個体の生命を最重要視するという限定的な立場からにすぎない、と考えている。私のこの考えを、以下に順を追って論じてゆくことにしたい。

身体的原因の想定による「障害」と「病気」の峻別（シュナイダーの精神病質人格）

精神医学で使われる「人格障害」という用語は、その「障害」が真正の「病気」とはみなせない、ということを意味している。一九世紀以来の西欧精神医学では、「妄想なき狂気(manie sans délire)」というピネルの概念(一八〇九)を皮切りに、「精神病や脳病に帰せられない精神と行動の異常」という領域が常に確保されていて、それに対して精神病質(psychopath)とか社会病質(sociopath)といった名称が当てられてきた。その歴史の一応の到達点がシュナイダーの精神病質人格論であり、彼はその中で、今日の人格「障害」に相当するものを人格「異常」と呼んでいる。

シュナイダーの考えでは、「病気(disease)」というものが、身体に原因がある(と想定された)質的・非連続的な変化であるのに対して、「異常」という言葉が意味している領域はある心理的な性質の量的・連続的なバラツキにすぎない。具体的に言えば、精神病質人格の構想は、「異常」つまりは「平均的存在からの変異」という価値評価を含まないとされる数量的基準と、「自分自身が悩むか社会を悩ませる」という社会的・実践的な価値評価を含んだ基準の二つから成り立っている。前者は、多数の人間を母集団にとったとき、感情的振幅の大きさとか外向性(内向性)、また自己主張性(他者追従性)の程度、といった精神的・行動的な傾向(trait)が、一定年齢の人間集団における身長や知能指数の測定値と同じように、正規分布のような量的・連続的な変異をなすという考え方に立って、一つの傾向の分布における両端の数パーセントを「平均値からの逸脱」とみなして「異常」と判定するものである。したがって、シュナイダーの「異常人格」は、建前上は価値評価を含んでおらず、高知能者や特殊分野での図抜けた能力の持ち主などもこれに属することになる。この異常人格のなかで、さらに「自分自身が悩むか社会を悩ませる」という、価値評価を含んだ第二の基準を充たすものだけを「精神病質人格」と彼は呼ぶことにしている。ちなみに、「診断」という行為の対象となるのは病気に限られるから、精神病質と呼ばれる「異常」の判定は、厳密に言えば「診断」とは言えないことになる。

シュナイダーはこのような構想にもとづいて、発揚型・抑うつ型・自己不確実型・狂信型・自己顕示型・気分易変型・爆発型・情性欠如型・意志欠如型・無力型という一〇個の精神病質人格を類型化した。一つ一つの類型の説明は煩雑になるので省略することにして、ここでは筆者が簡易精神鑑定を行った一症例を提示して、要点の概略を解説するにとどめておこう。

〈症例 T〉

民家に火事があり、腕に火傷をして病院に入院したその家の息子T(二七歳、無職)が自室に放火したものと判明した。近所の人の話によると、Tはこの数年間家の中にこもりきりで、姿を見たことがなかったが、火災現場では近所の人々に混じって消火活動に当たっていたという。母親の話では、Tは中学時代から気がすすまないことがあると学校から戻ってきてしまうことがよくあった。注意すると、黙りこくって自室に引き揚げてしまう。乱暴なことはしないのでこれまで放置しておいたが、以前に一度カーテンに火をつけたことがあるということであった。警察の取り調べに際しては、ほぼ正常に応答しており、地方検察庁から筆者に、「精神障害の有無および犯行時の是非弁別能力の有無」に関して簡易鑑定が依頼された。

筆者がこの放火犯に面接してみると、意識障害や知能障害、幻覚・妄想などの精神病症状は認められなかった。犯行時に飲酒や覚醒剤その他の薬物を使用していた形跡もなく、犯行の手順をよく覚えていて正確に陳述できた。放火の動機については「日頃から家族の間に諍《いさか》いがあって、面白くなかったから」「自分の気持ちをわかってもらえないので、親を困らせてやろうと思い」「腹立ちを解消するために」行った、と述べている。

一般に放火は、鬱積《うっせき》した感情を当の相手に面と向かうことなく発散できる「弱者型の犯罪」と考えられている。シュナイダーの精神病質類型の一つに「体験に対する印象能力は高いが、印象を外に発散する能力に乏しくて、すべての体験を自己自身に向けてしまう」敏感性の自己不確実型精神病質者という範疇《はんちゅう》があって、憤怒・怨恨型の放火犯には時折この性格の著しさが認められるという。筆者は、Tをこの精神病質類型に帰着させるという結論を出した。それはつまり、この犯人が敏感性あるいは「印象を外に発散する能力」という心理的性質において「平均値を極端に逸脱している」とみなすことである。

司法鑑定において精神病質ないし人格障害と判定されることは、精神病であることが否定され、原則として十分な責任能力があるとみなされることを意味している。繰り返し確認しておくと、各々の精神病質類型は、その名称が表示しているような「ある心理的性質」が平均的範囲内とみなされる量から著しく逸脱しているような個体を指しているのであって、それは「病気」とはみなされない。

了解可能と了解不能による「障害」と「精神病」の峻別（ヤスパースの現象学）

シュナイダーによる「病気」と「異常」との二者択一を、純粋な心的現象の領域で遂行したものが、ヤスパースの了解可能性に関する議論である。ヤスパースの言う了解には、静的（＝現象学的）

了解と発生的（＝心理学的）了解関連という、質的に異なった二つの了解の様式が含まれている。前者は、患者が現実に体験している心的現象を医者が自分の心の中にまざまざと描き出し、追体験する心的行為であるのに対して、後者は心的事象間の関連づけ、つまり「攻撃された者は腹を立てて防御行為をするし、欺かれた者は邪推深くなる」といった、ある心的事象が別の心的事象から発生してくる関連の了解を意味している。

ヤスパースは、前者の意味での了解不能性、つまり患者が体験しているであろう幻覚や自我障害をこちらの心中にありありと描き出せないという医者側の体験を、その患者が精神病であることの指標とみなした。逆に言えば、いわゆる人格障害の患者を相手にするときには、医者はそのような了解不能を体験しない、というのである。他方、ヤスパースは後者の意味での了解関連を、いったん誰かが発見すれば時と場所を超えてあらゆる人間に妥当する普遍的な真理であるかのように考えていて、たとえば「道徳的要求が、弱者の怨恨から発生する」というニーチェの唱えた了解的な関連づけなどを、その典型例とみなしている。

筆者は、現象学（＝静的了解）と了解心理学（＝発生的了解関連）という二つの方法を区別した点でヤスパースを評価するのにやぶさかではないが、事象間の発生的了解関連をすべての正常人に一様に妥当するかのように扱った彼の態度には疑問を禁じ得ない。人間は誰でも、身のまわりに起こった出来事や獲得した知識を単独で保持し続けることができず、二つの事象を因果関係や理由づけで結びつけたり、ある事象をより一般的な法則に還元せずには生きていかれない動物であるが、その結びつけ方は個人によって非常に異なっており、結合された二つの事象間に普遍的な因果関連があるかどうかは、大いに疑わしいのである。

ただ、共同体内で「公認された」了解関連の存在は認めておかなくてはならない。それには、(a)科学的な因果関連や(b)制度化された了解関連がある。前者の例は、「気温が零度以下になれば、水は氷になる」とか「ほぼ二四時間ごとに夜明けが来るのは、地球が自転しながら太陽のまわりを回っているからだ」といった科学的知識に則った主張であり、後者の例としては格言のようなものを思い浮かべればよいだろう。「早起きは三文の得」「情けは人のためならず」「虎穴に入らずんば虎児を得ず」等々、格言の多くは二つの事象間の、共同体内で「公認された」了解的な関連づけを表現している。ヤスパースは「因果」関連という用語の適用範囲を(a)「科学的な説明」に限定して、(b)「了解心理学による発生的な了解関連」から分離しているが、筆者は「因果」という言葉を、常識的な用法にしたがって「了解関連」からとくに区別せずに使用したい。われわれが日常生活で遭遇する科学的な命題の多くは厳密な因果性の証明を欠いた仮説的なものだし、了解行為の内部にも何らかの因果的な説明図式が組み込まれていないことには、そもそもいかなる了解的な関連づけも遂行できない、と考えられるからである。

「正常人」たちが日常生活で用いている了解関連は、共同体内で公認された了解関連の枠内に概ねとどまっている。逆に言えば、いわゆる人格障害者とは、公認された了解関連の総体からしばしば逸脱するような了解的関連づけを主張する者のことである、と定式化することができるだろう。(a)科学的知識に裏づけられた因果的な説明に逆らって、たとえば今日でも天動説を主張するような人は、その人格を疑われるし、(b)前述のような格言にことさら異を唱えて、「早起きなどする人間は損をする」とか「人に同情することは、自分のためにならない」といった主張をする者も、何らかの説得力ある理由を示さないかぎり、共同体内では「変り者」とみなされることになるだろう。

しかし、ある了解関連命題が公認されていると言っても、それは歴史的・地域的な限界をもったその共同体内で妥当するものにすぎない、ということもまた確かである。中世以前の社会では天動説にもとづく諸命題が公認の了解関連であった。今日の社会では「早起きなどせず、深夜に安い電力料金を利用して働く方が得」とも考えられるし、「虎の穴に入るような危険を冒すことなく目的を達成できる秘策がいろいろある」かもしれない。「情けは人の為ならず」に至っては、「他人に情けをかけることは、相手のためにならない(から、やめた方がよい)」などと、現代人に都合のよいように解釈を変更されている始末である。「風が吹けば、桶屋が儲かる」とは、思いがけないところに影響が出たり、当てにならないことを期待することのたとえだが、考えようによっては、人々による「因果」の関連づけがいかにいい加減かを風刺したことわざとも受け取ることができるだろう。

「科学的」と称する命題にしたところで、その因果関連は決して絶対的・単一的なものではない。最近の科学であらゆる生物学的事象の究極の原因であるかのようにみなされがちな遺伝子や脳の構造にしたところで、その発現や形成過程には環境からの刺激や偶発的な出来事や時間的因子の影響が大きいために、生物に必ずしも一義的な結果をもたらすわけではない。もっと日常的な「科学的」命題、たとえば「今日の若者がキレやすい原因は、カルシウムの摂取不足や糖分の摂取過剰といった食生活の偏りにある」とか「アトピー性皮膚炎の主な原因は、人間関係からくるストレスにある」といった因果関連命題では、それをどの程度強く信じるか信じないかは個人ごとに異なってくるだろう。さらに、「大人になってからの対人関係がうまくゆかないのは、幼児期に親から十分な愛情を受けられなかったせいだ」とか「幼児期に親に虐待された人は、大人になって自分の子どもを虐待するようになる」といった関連づけとなると、各人の主観的な判断の混入が免れない。因果の関連づけは、個人の体験の形式までも規定していて、たとえば温度計を見て「今朝の気温は三度だから、寒い」と感じる人もいれば、「寒いので温度計を見たら、三度だった」という体験の仕方をする人もいる。われわれはこのように、決して十分には証明し得ない無数の因果関連命題に囲まれながら生きていて、客観的根拠の薄弱さにもかかわらずそれらの一部を個人的な行動原理(格率)にさえしているのである。

公認された了解関連の総体の枠内を滅多に逸脱しない「正常人」たちの間でも、諸事象を関連させるそのさせ方の中にその人の個人的な人格特徴が表れてくる。極端に言うなら、「個人の人格とは、諸々の了解関連を作り上げる仕方のうちに見られる特性以外の何ものでもない」とさえ考えられるのではないだろうか(したがって、筆者自身の人格は、このような了解関連を打ち出したこの数行の議論の中によく表現されている、ということになる)。了解関連の作り方・採用の仕方こそ、その人の人格を最もよく表現する領域なのである。ヤスパースの言うような精神病の診断に寄与する現象学的了解は、原則として非歴史的・非言語的であって生物学的知見によって裏づけられる可能性がある一方、人格を規定する了解関連の方は徹底して言語的・歴史的な文化的産物であり、それゆえに可変的かつ実践的なのである。この領域では、生物学的な所見は常に二次的・派生的な意味しかもち得ないだろう。

人格障害と犯罪の関連づけ

人格障害という言葉を今日よく耳にするようになった理由は、何といってもそれが動機不明の凶悪犯罪と結びつけられる場合がでてきたからであろう。近年世間の耳目を集めた幾つかの重大事件では、犯人が「人格障害であろう」という説がしきりに取り沙汰された。連続幼女誘拐殺人事件の宮崎勤被告の精神鑑定では「多重人格障害」説が唱えられたし、神戸の連続児童殺傷事件の「酒鬼薔薇」少年の場合は、犯行に先立つ中学一年のときに「注意欠陥・多動性障害(ＡＤＨＤ)」が疑われ、逮捕後には「行為障害(conduct disorder)」が問題にされている。「行為障害」という訳語では曖昧模糊としているが、コンダクトとは素行・行状の意味であって、要するに非行・不良少年というに等しく、一八歳以上の場合なら「反社会性人格障害」に相当するものである。この種の人格障害類型には後述するような「診断基準」があって、彼らがその基準を充たすこと自体は比較的容易に確認できる。ついでに触れておけば、オウム真理教の教祖である麻原彰晃は「自己愛性人格障害」の診断基準を典型的に充たしている。

しかし、彼らをこれらの人格障害に属せしめたところで、いったい何がわかったことになるのだろうか。真の問題は、その種の人格障害であることが彼らの犯罪の主たる「原因」になっているのかどうか、この種の人格障害者の多くがそのような重大犯罪を起こす危険性が著しく高いのかどうか、共同体は彼らにどれだけの自己責任能力を期待できるのか、といった点にあるのだが、筆者にはこれらの人格障害概念がこの種の問題に対して意味のある解答を与えているようには思われないのである。

奇異な事件は人々を刺激して過剰な反応を引き起こす。とくに客観的な情報が乏しい場合、人々はロールシャッハテストの曖昧な刺激図版を見せられたときのように、主観的で根拠薄弱な深読みをアレコレと伝達し合う。そこで語られた事柄は、犯人の人格や事件の真相であるよりもむしろ、語り手の人格や共同体内でのデマの伝播の構造を反映していることが少なくない。人々は自分では意識できない欲望をその事件の中に読み込んでしまうのであって、これはある程度避けがたいことなのである。そこではまず、犯罪の動機や社会的な背景がさまざまに詮索され、それらの積み重ねが人々に十分な納得をもたらさないことがわかってくると、今度は精神医学的な病名が持ち出されることになる。

一般に想像力の限界を超えた理解困難な行為に直面したとき、われわれはまず、それを(1)その個人の心理学的要因(ものの考え方や感受性、一般的な動機連関など)から説明しようとする。次に、そのような心理を生み出した要因として、(2)個人の生物学的な体質(脳の構造や機能、脳内代謝物質の濃度、最近では遺伝子の変異など)と、(3)彼に適応を強いてくる社会の性質(生い立ち、家族や学校内での人格形成など)が考慮される。「人格障害」というのは、一般に理解困難な行為の原因を、個人の(1)心理学的、または(2)生物学的・体質的要因へ還元しようとする考え方であって、そのために精神分析理論・心理検査法・遺伝学・脳生理学・内分泌学・脳波学・統計学といったさまざまな方法と仮説が援用されることになる。

しかし、「人格障害」があったところで、それが人にある行為を起こさせる唯一の要因であるはずはなく、その種の人格障害類型を生み出す文化的・社会的な基盤や他のさまざまなリスク要因との関係が、さらに追究されるべき課題であることは言うまでもないだろう。未知の事態に直面したとき、専門家と称する人々から「専門用語による診断」を与えられれば、人はそれだけで何かわかったような気になりがちだが、既知の概念へと還元する専門家の解説は、かえって新たな事態の本質を隠蔽する方向に働くこともある。われわれは新奇な犯罪を、既成の人格障害類型の平板な記述の中へ急いで還元しようとするよりも、前章で述べた個別記述的な方法を通じて丁寧に検討する中から、「人格」やその「障害」概念とはいったい何なのかを学ぶための糧《かて》とすべきなのである。

人格障害と人格異常の概念の歴史

人格に関連して使われるときの「障害」ないし「異常」という言葉の用法は、決して一様ではなくて、時代によっても変化している。実際、人格障害として挙げられている多くの類型の間で共通する「障害」の意味とは、真の意味での「病気」ではないという点くらいではないだろうか。以下に、現代の「人格障害」論の発生史を、ざっとたどってみることにしよう。

今日一般に使用されるようになった代表的な人格障害論は、アメリカ精神医学協会が刊行している『精神障害の診断と統計のためのマニュアル（Diagnostic and Statistical Manual of Mental Disorders）』（略してＤＳＭと呼ぶ）にもとづくものである。ＷＨＯ（世界保健機構）が制定しているＩＣＤ（国際疾病分類、International Classification of Diseases）にも人格障害の諸類型が叙述されているが、基本的にＤＳＭと大差ないものなので、ここではＤＳＭで代表させることにする。

ＤＳＭは第一版（ＤＳＭ-Ⅰ）が一九五二年に、第二版（ＤＳＭ-Ⅱ）が一九六八年に刊行されているが、そこではpersonality disorderが人格「異常」と邦訳されていた。第三版（ＤＳＭ-Ⅲ、一九八〇）に至って初めて、personality disorderは「疾患」から分離・独立した形で（すなわち、「疾患」は第Ⅰ軸で、人格障害や人格傾向は第Ⅱ軸で、と別々に）評価されるという形式上の大改訂があり、また内容的にも境界性人格や自己愛性人格といった、今日的な新しい類型を含むに及んで、それは人格「障害」と改訳されるようになった。その後もＤＳＭは改訂を重ねて、第三版の修正版（ＤＳＭ-Ⅲ-R）が一九八七年に、第四版（ＤＳＭ-Ⅳ）が一九九四年に刊行されているが、「人格障害」に関する基本的な考え方と叙述は、ＤＳＭ-Ⅲの時代から大幅には変わっていない。

ＤＳＭにおける人格障害類型の概観

ここで、ＤＳＭ-ⅢとＤＳＭ-Ⅳの第Ⅱ軸「診断」に使用される人格障害類型の全体を表1に概観しておこう。全体は、(A)奇妙で風変わりな人格障害群、(B)感情の混乱や過剰を特徴とする人格障害

表1　DSM-ⅢとDSM-Ⅳの「人格障害」の全体

(A)奇妙で風変わりな人格障害群(odd or eccentric group)		
1. 妄想性人格障害	paranoid personality disorder	(疾患概念由来の重症タイプ)
2. 分裂病質人格障害	schizoid personality disorder	(受動-不関性)
3. 分裂病型人格障害	schizotypal personality disorder	(疾患概念由来の重症タイプ)
(B)感情の混乱や過剰を特徴とする人格障害群(dramatic, emotional or erratic group)		
4. 演技性人格障害	histrionic personality disorder	(能動-依存性)
5. 自己愛性人格障害	narcissistic personality disorder	(受動-自立性)
6. 反社会性人格障害	antisocial personality disorder	(能動-自立性)
7. 境界性人格障害	borderline personality disorder	(疾患概念由来の重症タイプ)
(C)不安の強さを特徴とする人格障害群(anxious or fearful group)		
8. 回避性人格障害	avoidant personality disorder	(能動-不関性)
9. 依存性人格障害	dependent personality disorder	(受動-依存性)
10. 強迫性人格障害	[obsessive-]compulsive personality disorder	(受動-両価性)
11. 受動攻撃性人格障害	passive-aggressive personality disorder	(能動-両価性)

ただし，11は，DSM-Ⅳでは削除されている．

群、(C)不安の強さを特徴とする人格障害群、の三グループに大別されている。

このうち「反社会性人格障害」と「自己愛性人格障害」の診断基準を表2と表3に例示しておこう。各々の人格障害の有無は、この診断基準に照らして自動的に「診断」される。DSMは、誰が判定しても同じ結果が得られることを理想とするマニュアルなのである。

DSMにおける「障害」概念の曖昧さ

ところが、DSMの中での「障害」という言葉の使用は、実はかな

表 2　DSM-Ⅳにおける「反社会性人格障害」の診断基準

(A)他者の権利の無視と侵犯が，以下の 3 つ以上の項目に該当するような広汎な形で，15 歳以来生じていること． 1) 法を守るという社会的規範に従うことができず，逮捕のもととなる行為を繰り返す． 2) ペテン師性があって，私的な利益や楽しみのために，繰り返し嘘をついたり偽名を使ったり他人を騙したりする． 3) 衝動性がある，あるいは前もってプランを立てられない． 4) イライラや攻撃性が，乱闘や襲撃の反復を引き起こす． 5) 向こう見ずで，自分や他人の安全を顧みない． 6) 徹底した無責任さのために，仕事を一貫して続けたり，債務を期日までに支払ったりできないことが繰り返される． 7) 良心の呵責が欠如していて，他人を傷つけたり虐待したり盗みを働いたりすることに無関心であったり，合理化したりする．
(B)本人が，18 歳以上になっている．
(C)15 歳以前に「行為障害」が始まっている証拠がある．
(D)反社会的行動の出現が，分裂病や躁病の期間だけに限られるものではない．

表 3　DSM-Ⅳにおける「自己愛性人格障害」の診断基準

(空想や行動における)広汎な誇大性のパターンや称賛されたいニーズや共感の欠如が，大人になるかならないうちに始まって，さまざまな脈絡で現存し，以下の 5 つ以上の項目に合致する．

1) 自己の重要性に関して誇大感をもつ(たとえば，業績や才能を誇張したり，それに見合う業績もないのに「優秀」と認められることを期待する)．
2) 無限の成功や力や才気や美あるいは理想の愛といった空想に夢中になっている．
3) 自分は「特別」かつユニークな存在であって，他の特別な人々あるいは地位の高い人々(や施設)にしか理解されないが，そうした人々(や施設)と自分は付き合うべきだ，と信じ込んでいる．
4) 過度の称賛を要求する．
5) 特別に好意的な扱いを受けることを理不尽にも期待し，他人が自分の期待に自動的に従うのが当然，というような特権意識がある．
6) 対人関係において搾取的で，自分自身の目的達成のために他人を利用したりする．
7) 共感性を欠く．他人の感情やニーズを認めたり，それに同一化する気持ちがない．
8) 他人をしばしば羨んだり，逆に他人が自分を羨んでいると信じている．
9) 尊大で傲慢な行動や態度を示す．

り曖昧である。とりわけ、従来は病名とみなされてきた分裂病や躁うつ病にまでdisorderという言葉を付加することで「disorderのインフレ」状態を招いたものだから、病気と(人格)障害との概念的な区別はいよいよ不明瞭になってきた。DSMは「原因を棚上げにした純粋な記述である」という主張を楯に、「障害」という用語の明確な定義づけを回避しているように見える。

いちおうDSM-Ⅲ-Rは、「環境と自分自身に関する知覚や関わり方や考え方の持続的パターンである人格傾向が、柔軟性に乏しく非適応的なために、著しい機能損傷や主観的苦悩の原因となる場合に限って人格障害と呼ぶ」と記述し、DSM-Ⅳは「内的経験と行動に関する次のような持続的パターンを人格障害の「本質特徴」とみなす」としている。その持続的パターンが、(a)その人の所属する文化が期待するところからはっきりと逸脱(markedly deviate)していて、認知・感情・対人関係・衝動コントロールのうち少なくとも二つの領域でその逸脱が証明される、(b)私的ならびに社会的状況を横断して広範囲に普及・浸透し、硬直している、(c)臨床的な意味をもつ主観的苦悩や社会的・職業的その他の機能障害をもたらす、(d)安定して長期間続くもので、その始まりは青春期や成人初期にまで遡る、(e)他に精神障害があって、その結果として生じているわけではない、(f)薬物や頭部外傷などの疾患の結果によるものではない、という六項目を充たすものを「人格障害」とするというのである。

この人格障害の考え方は、前述したシュナイダーの「精神病質人格」を踏襲したものに見えるが、彼ほど数量的評価と価値的評価の区別にこだわってはいない。ＩＣＤの方はもっと簡潔に、「障害」という用語は「個人レベルおよび社会的レベルで、苦悩や機能障害と関連する症状あるいは行動の組合せを意味する」とした上で、それは厳密な用語ではなく、「疾病」や「病気」といった用語を使用した際に生じる大きな問題を避けるために使用しているにすぎないのだ、と正直に断っている。ＤＳＭ－Ⅳでも、実情は同じことだろう。

シュナイダーの「異常」人格概念の問題点

それでは、三四頁に述べたような理屈に従って「異常」の領域を設定し、客観的な類型を確立しようとしたシュナイダーの試みは、果たして当を得たものであろうか。少なくとも今日的な人格障害である「多重人格障害」や「反社会性人格障害」の概念には、シュナイダーの「異常」人格の構想があてはまらないことは明らかである。というのは、これらの人格障害を決定するのは、人格の同一性や犯罪行為が有るか無いかの二者択一であり、その限りで悉無《しつむ》律《りつ》にしたがうものであって、連続的な量の変異など形成しないからである。

「自己愛性人格障害」の場合はまだしも、「自己愛の平均的な量」を仮想することでシュナイダー流の「平均値からの逸脱」という考え方が適用できるように思われるかもしれない。しかし、自己愛性人格障害者の本質的特徴は、第四章で見るように、他者や世界との独特な関係の作り方のうちにあって、前記の診断基準を何項目充たすかといったことは、末梢的な問題に過ぎない。麻原彰晃の場合のように、信奉者を身近に惹きつけて幻想を抱かせ、彼らに承認を与えることで搾取しつつ(ニセの)エディプスとして君臨するという、集団形成上の自他関係の質が問題なのである。さらに言うと、「自己愛の量的な増減」は、周囲の他者たちがどれだけ彼のニーズを充たすように振舞うかという、「自己」にとっては外的な要因に支配されているのだから、自己愛を単に「多数の人々の間で量的な変異をなすもの」とみなすような考え方は、実態にそぐわないのである。

そもそも「異常」という言葉の日常的な用法は、人々がこれまで自明なことと信じて疑わなかった「正常」な事柄とは質的に異なった、通常の世界観や価値観を揺るがすような事態を指すのであって、「偏り」とか「変異」といった意味は辺縁的なものにすぎない。

「異常」か「障害」か

前述のように、DSM-Ⅲ(一九八〇)以降、personality disorder の訳語は、「人格異常」から「人格障害」へと変更された。原語の方は変わっていないのに、訳語のこの変更は何を意味するのだろうか。「異常」と「障害」とでは、どのように異なり、どちらがより適切とみなされるであろうか。まず、この点から考えてみたい。

日本語の語感からすると、「障害」は「本来あるべき存在や機能の欠損」を意味するのに対して、「異常」は「逸脱した別様のありかた」を表現するもののように思われる。「障害」という言葉が最もピッタリするのは、「視力障害」や「身体障害者」のように、比較的単純な機能を担う身体器官の喪失や欠損を意味する用法ではあるまいか。「人格」には、「眼」や「四肢」に比肩できる単純な機能や可視的な存在形態がないことからすると、「人格障害」という名称は、やはり曖昧さを免れない。ＤＳＭの診断基準の各項目を読んでみても、そこに叙述されている心理や行動の特徴は、「欠損」というよりもむしろ、異常なあり方である。筆者はこの点で、「異常」という言葉の方が事態に忠実な表現と考えている。

そもそも「障害者」という名称には、身体障害者や知的障害者や言語障害者を指す言葉として使用されてきた長い歴史がある。精神障害者という言葉にしても、どちらかといえば華々しい症状が消え去って不活発さなどの後遺症のみを残した、リハビリ段階にある精神病患者に使われることが多いだろう。これらの「障害者」に共通しているのは、一目でそれとわかるその有徴(スティグマ)性であるが、それは社会制度や常識に組み込むこと(いわゆるノーマライゼーション)が不可能なほどの言動の逸脱を示すものではない。

ところが、現代精神医学が「人格障害」という名称で扱おうとしているのは、「ふだんは真面目で人当りもよく、とても問題行動を起こしそうには見えない」無徴の人々の、社会常識を逸脱した言動なのである。彼らの外見には何の欠損も認められず、その多くは非行歴がなく、知的にも優秀な「よい子・よい人」である。要するに、古典的な意味での「障害者」と現代の人格「障害者」とでは、指示される対象が全く異なっている。それにもかかわらず、異なった対象に同一の名称を付与することは、いたずらに混乱を招き入れるだけであろう。二〇〇〇年五月に仙台で開催された日本精神神経学会では、予定されていた「人格障害」のシンポジウムが、従来の意味での「障害者」集団が壇上を占拠したことによって流会となった。このシンポジウムが対象としていたのは、彼らのような障害者ではなくて、現代の無徴の人格「障害者」たちの反社会的行為であったのだが、彼らにしてみれば、自分たちの人格や善悪の判断能力が疑われて、自分たちが凶悪犯罪を起こしかねない危険な人物と社会から見られることを危惧したとしても不思議ではないだろう。

「障害者」という言葉をいずれか一方の対象を指示するために残すとすれば、従来からの用法が優先されるべきことは言うまでもないのだから、「人格障害者」という言葉の使用はこの点からも断念すべきではないだろうか。

WHOは、先に述べたICD(国際疾病分類)の他にICIDH(国際障害分類、International Classification of Impairments, Disabilities, and Handicaps)と呼ばれる疾患後遺症の分類を掲げ

て、「病気はＩＣＤで、障害はＩＣＩＤＨで分類し記録する」ことを推奨している。ＩＣＩＤＨでは、「障害」は、病気の結果としてもたらされる機能と形態の障害(Impairments)、そこから生じる生活の場での活動能力の障害(Disabilities)、およびそのために被る社会的な不利(Handicaps)という三つのレベルからなるものとして、包括的に把握されている。「障害」という訳語は、まさにこの三つのような英単語に当てられるべきものであって、人格領域における disorder などをこれと混同すべきではないのである。

そもそも disorder という言葉は、秩序や規律(order)の剝奪ないし欠落(dis-)を意味している。心身機能の領域では、不調や乱れ、体調の狂いといった程度の軽い意味なので、硬い訳語を選定することは難しいが、「常(order)とは異なる(dis-)」という意味での「異常」の方が、「障害」に比べればまだしも原語に忠実な訳語であろう。しかし、パーソナリティの領域に disorder なるものを想定すること自体が、もともと不適切なのである。

科学による「異常」の「障害」化

人格に障害なるものを想定することには、実はほとんど意味がない。犯罪者を「反社会性」その他の「○○性人格障害者」と判定することは、原則として普通人と同様の責任能力を彼に要請することができ、普通人と同様に彼を処罰することができるという意味なのだから、量刑を考える上では彼を単に「〇〇性人格」という心理学的な判定にとどめた場合と何ら変わりがあるわけではない。精神医学の臨床でも、「〇〇性人格」というカテゴリーと、強度・中等度・軽度の三段階程度の区分があれば十分である。最強度の中の社会的に困ったケースに対して「障害」という言葉を付加する行為は、刑法上でも精神医学上でもほとんど無意味なのである。この言葉にあたかも大きな意味があるかのように見せかけているのは、擬似的な志向学問にすぎない。

「異常」は誰でも直観的に抱くことができる感覚ないし印象であるのに対して、「障害」の方は知的な判断に重点があるように思われる。凶悪事件に接した人々が最初に云々するのは「事件の異常性」であって、「犯人の人格に障害があるか否か」について語られるのは、当初の情動的な反応が一息ついていちおうの情報が出揃った以後の段階であろう。この点で、「異常」は素人的な言葉であり、用語としては「障害」の方が学問的な外見を備えているように見える。それは、「障害」という言葉さえ使えば、実質的な裏打ちを欠いていてもそれだけで「科学的」であることを僭称《せんしょう》できて、「異常」という言葉の中ではリアルに捉えられていた現象や体験を平板化してしまう可能性があることをも示唆している。

科学は価値判断を排除して純粋な記述たることを目指すから、正常／異常という区分を表立っては認めたがらない。かりに「異常」という言葉を使うことがあっても、その意味を「統計学的な平均値からの量的な偏り」程度に留めておきたいのである。しかし、前述のように、「偏り」とか「変異」といった意味は、「異常」という言葉にとって辺縁的な用法にすぎない。われわれが日常生活のなかで理解し使用している「異常」の意味は、これとは非常に異なっている。この「異常」は、自分がこれまで自明とみなしてきた「正常」な事柄とは質的に異なった、自分の世界観・価値観によっては理解できず、それを揺るがすような、大抵は自分に不快な感情を起こさせる事態を指している。人は「異常」を通じて未知の他者に出会う。「異常」を「障害」と改訳したのは、異常な現象を無害化することによって不吉な他者からの汚染を免れようとする秘かな抵抗であったのかもしれない。たとえ科学が、「平均」や「障害」の概念によって「正常／異常」の区別を希薄化しようとしたところで、生活世界を生きるわれわれは、決してこのカテゴリー対を放棄できないのである。

そうは言っても、私は「正常／異常」の区分をこの世界にやたらと持ち込んでよい、と手放しで推奨しているわけではない。本来的には「正常／異常」の判断をできるだけ手控えて、事象自体を冷静に観察する姿勢が望ましいことは言うまでもない。ただ、この区分の生活世界への導入は、善悪や価値評価を超えて一定のレベルで許容されるべき事柄であり、その事実を否認してはいけない、と言っているのである。それは、第一章で論じた人格判断の「実生活上の不可避性」と同様に、結局のところ「生の規範」から由来している。

「正常」の虚構性と「異常」の一次性

ところで、自らの体験を少し論理的に反省してみると、正常／異常の対言語において実態的・一次的に存在するのはいつも異常の方であり、正常とは実は「さまざまな異常の欠如」にすぎないのではないだろうかと思われる。野矢茂樹は、「正常な」という言葉を言語行為論者オースティンのいう「否定主導語」、つまり肯定的用法（「正常な」）よりも否定的用法（「正常でない」＝「異常な」）の方に一次的・主導的な意味がある言葉とみなして、その機能は何かを積極的に特徴づける点にあるのではなく、「正常でない」諸々の可能な在り方をもっぱら排除する点にある、と論じている（『心と他者』勁草書房）。

通常の語（たとえば「赤い」）では肯定的用法（「赤い」）が基礎的・主導的であって、否定的用法（「赤くない」）は消極的・二次的な意味しかもっていない。「赤くない」という表現は、「赤い」という肯定的表現に依拠していて、夕焼けにもリンゴにも信号の色にも共通する「赤さ」という性質の「欠如」として理解される。ところが、「正常な」という言葉によって呼ばれるすべてのものには、「赤さ」に相当するような（「正常性」という）共通の性質は何ら存在していない。「正常な」という概念は、実際に存在する多様な可能性を（「異常」と呼んで）排除する意味しかない、というわけである。

近年よく使われる「普通の子」「正常な子」といった表現では、その子がいったいどんな子なのか、いっこうにはっきりしない理由もそこにある。実態的・一次的に存在するのは「腕白な子」「泣き虫」「甘えん坊」等々の性質をもった子どもであるはずなのに、そこに「普通の、正常な子」という表現を持ち込むとき、この表現は本来無内容であるにもかかわらず、逆に上記の諸性質の肯定的な表現を、あたかも「普通でない＝異常な」あり方であるかのように思わせる倒錯した機能を果たしてしまうのである。

このように考えると、「異常」という言葉は「正常」という虚構の樹立によって切り捨てられがちな存在の「過剰」に目を向ける指標となり得るだろう。「正常」という言葉の根拠が自明でなくなり、その虚構性が承認されれば、あとは単に統一化できないさまざまな在り方が共存するだけで、それらに「異常」という言葉をあてがうことは無意味な行為になる。しかし、そこに科学が「正常」と結託し、「障害」という言葉を用意する。「異常」を「障害」と読みかえることによって、一次的な事態を隠蔽してしまうのである。

「正常に従属する見かけ上の異常」と「真の異常」

木村敏は、「合理／非合理」「常識／非常識」といった「A／B」の対概念では、AとBが交換可能な対等の関係にあるのではなくて、Aが絶対的にそれ自身で完結した概念であるのに対して、Bはそれ自体においては成立せず、常にAからの規定に従属してのみ意味を与えられる点に着目した

(『異常の構造』講談社現代新書、一四五頁)。ここでBをAの「反対」と見る見方は、それ自身がまさしくA的なものの見方に他ならず、そこではBがAの成立に従属する存在としてのみ、その成立を許されている。だから「A/B」という対概念の中に捕獲されたBは、真にAを脅かす力を奪われてAに飼い慣らされた「見かけ上のB」であり、いわば「A化されたB」に過ぎない。Aは自らの存立を危うくする「真のB」をあらかじめ用心深く排除して、「誤り」や「狂い」としての「見かけ上のB」の存在のみを許すのだが、この排除の論理はAそれ自身の本質に属しているというのである。

「正常/異常」は、まさしく木村のいう「A/B」の対概念を形成している。「異常」を「正常」の反対と見る見方は、それ自身がまさしく「正常」なものの見方に他ならず、そこでは「異常」は「正常」の否定としてのみ、つまり「正常」の成立に従属した存在としてのみ、その成立を許されている。「正常」は自らの反対語としての「(見かけ上の)異常」の存在ならば許容するが、自らと対等の力をもち対等の世界を占めるような「(真の)異常」は不当にも徹底的に排除する。「正常」が「異常」を排除する論理は、「正常」性それ自身の本質に属しているのである。

生物学的な「異常」と「病理」

われわれが今日「異常」という言葉を使うとき、そこには事実の単なる記述を超えて、何らかの規範に照らした驚きの感情や価値評価が含まれていることは間違いない。しかしカンギレムによると、フランス語の「異常(anomalie)」という名詞は、「無規範＝異常な(anormal)」という形容詞と語源的には無関係であったらしい(『正常と病理』法政大学出版局、一〇九頁)。前者はギリシャ語のomalos(平坦・一様・滑らかなもの)の否定であるanomalosを語源として、「不平等や凹凸」という形態的な事実を指し示す記述用語であるのに対して、後者はラテン語のnorma(規範)の否定に由来する、価値への照合を含んだ評価的・規範的用語なのであった。しかし、語源の混同が両者の意味の癒着を引き起こして、前者が規範的概念に、後者が記述的概念になってしまったという。実際には「異常(anomalie)」は、(形態の異常という)一つの生物学的事実であり、あくまで事実として扱われなくてはならない。自然科学は「異常」を評価するのではなくて、これを説明しなくてはならないのである。

これに対して、normaとは「規則」であり、「定規」を指し示す言葉だから、「正常なもの(normalis, de norma)」とは、⑴規則に合致しているもの、規則正しいもののことであり、⑵右にも左にも傾かないもの、したがって中央に位置するもののことである。それは、⑶あらねばならぬようにあるもののことであり、⑷一定の種において大多数に見られるものであり、⑸平均的なもの、ということである。この用語は、⒜事実を指し示すと同時に、⒝話し手がこの事実に与える価値評価をも指し示している(同書、一〇二頁)。

生物の「異常」を問題にする際には、「病理」という概念が混入してくる。カンギレムによれば、生命は規範的活動であり、「正常」とは生命の規範の表現である。「規範的(normatif)」とは、事実を規範に関係させて評価するすべての判断のことで、この判断様式は規範を設定する人に従属している。生物が物理・化学的対象と違うところは、生命自体の価値規範を内在させている点にある。「病理的」という判断は、生の規範に照らしてのことであって、非生物を扱う物質科学にはそもそも病理学が存在しない。たとえば食物のカスが排泄されずに腸をつまらせ、腸の内部に毒が発生するという過程は、物理的・化学的規則には従っているが、個別的生命の維持という有機体の規範には従っていない。生の活動の規範は物理学的な規則とは別ものなのである。

一般に身体臓器や精神が担っている「正常な」機能と構造の認識は、それらが病理的に損なわれた状態の観察を通してはじめて獲得される。つまり、病理学が生理学に対して認識方法上のアドヴァンテージをもっている。「異常」が「正常」に対して否定主導語としての優位を保っていたように、生物にとっての「病理」もまた「正常」に対して認識的に先行しているのである。

そもそも人が「異常」について語るときに考えているものは、シュナイダーの言うような「統計的な隔たり」ではない。正常なものと異常なものとを純粋に統計的な頻度で規定するなら、たとえば「虫歯をもつ人」のような多数者が、病理的ではあっても正常とみなされてしまうだろう。生物にとっての「異常」とは、生命に有害な、生の規範から隔たった形態や行動なのであって、一般科学で考えられているような、価値規範をいっさい含まない「異常」とは異なっている。

一方で、異常は個体変異の事実であり、多様性は病気ではない。異常と病理的状態との区別は、生物学的立場からは非常に重要であるが、単純に判断することが今日ますます難しくなってきている。血友病は、病気というよりもむしろ(凝固物質の)異常である。しかし、それは環境との関係において病理的になり得るという性格をもった異常の型なのである。鎌状赤血球性貧血は、酸素の運搬という点では不利(＝病理的)であっても、マラリアへの感染しにくさという有利さがその種族を「正常な」赤血球をもつ種族以上に生き長らえさせてきた。第八染色体の特定部位にある遺伝子の突然変異は、脂肪消費の「障害」をもたらすために今日では糖尿病のリスク要因(＝病理的)とされているが、食糧難の昔にあっては生存に有利な条件であったに違いない。このように、環境・適応・進化を含めた観点からすると、何が正常で何が病理的であるかは、必ずしも一義的に決まらないのである。一つの性質を単離してその有利・不利や「障害」性を論じることは物質レベルでさえこのように難しいのだから、シュナイダーのように心理的な性質に関してそれを行うことは、机上の空論に近い。

生物学的な観点の強調は、社会的・歴史的あるいは倫理的な観点と競合することが少なくない。とくに人格障害の出現の背景には後者の要因が大きいのだから、われわれは生の規範に由来する正常／異常の区別を認めたうえでそれを相対化し、できる限り事実を記述するだけの姿勢を堅持することが望ましいことは言うまでもない。

クリニカル・パス（診療予定表）

「平均からの逸脱」を異常とみなす考え方を最近の医療現場に導入した例が、クリニカル・パス（あるいはクリティカル・パス）と言われる入院方式である。これは、入院してくる患者に対してあらかじめ退院日までの毎日の「平均的＝標準的な経過」予定を、病気ごとにマニュアルに従って決定し、それを医療スタッフと患者自身に予知せしめることで、医療費の削減を図ろうとするものである。この方式では、本来あって然るべき個々の経過の多様性が二次的な派生物と考えられていて、予定の経過をとらなかった患者は、理想とされた平均＝標準から逸脱した、特殊な例とみなされてしまう。これは本末転倒というべきであって、病気の経過は、時計時間だけに支配されるようなものではなく、次章で触れるように、内的な成熟の時間や環境と連動した変化に従うところが少なくないのである。近似的に時計時間を唯一の尺度と考えてよいような病気は、ごく単純な、むしろこちらの方こそ例外的とみるべき病気だけであろう。「平均的＝（医療管理者にとって）理想的」な経過という図式を前もって設定し、患者をそれに合わせようとするなら、病状を悪化させる可能性がある。それにもかかわらず、このような平均的＝標準的＝理想的な経過なるものをあらかじめ強引に想定する最大の理由は、コスト削減という医療管理者側の経済意識にある。そもそもこの方式は、アメリカの保険制度で一九八三年以来、入院期間の長さや治療の内容に関係なく、同一の病気に対しては同一の定額しか病院に支払われないことになったために、病院側が入院期間を短縮し、経費を削減する目的で導入したものである。それは建築工学における工程表の作成から移入したものと言われるから、ここでは患者はほとんど「もの」と同一視されているわけである。このように、正常・標準・平均といった概念は、表面上は「価値を含まない科学性」を装ってはいても、実質的には政治的・経済的等々の価値評価を含んでいることが少なくない。

「正常／異常」判断の時代・社会的な変化

正常／異常の判断は、人間がある共同体の中で幼児期以来教えられて学習を積み重ねてきた結果身につけるものであろう。この対概念は、おそらくいかなる社会においても、多かれ少なかれ存在する。しかし、何を「正常」とし何を「異常」とするのかという区分の中身は社会ごとに異なっていて、ある共同体内でのある時期の「正常」が別の時期や別の共同体内では「異常」とみなされることはいくらでも起こり得る。

「多数者を正常とみなす」原則では、正常とみなされるものの内容が地域的にも歴史的にもあまりに変化しやすいものとなってしまう。日本社会の常識(多数派)はアジアの他の国々や欧米諸国から見れば異常(少数派)であったり、現代社会の多数派が正常と思っていることが、江戸時代や明治時代にまで遡らなくとも、わずか十数年前までは異常な現象とみなされていたりするのである。たとえば、今日では歩行者が横断歩道を渡ろうとしても、車は容易に停まってくれず、結局は多くの車が通り過ぎるまで待つことが当り前(正常)になって久しいから、今の子どもたちは、二〇年くらい前までは車の方が停まってくれたのだという事実を恐らく知らないだろう(法律上は、現在でも、車の方が停まるきまりになっているはずである)。当初は「異常」視された公共の場での携帯電話も、アッという間に市民権を獲得してしまった感がある。「多数者正常」原則に逆らうような正常性の主張は、たとえば「運転中の携帯電話」の危険性のように、数量的な多寡とは別の次元の「正常/異常」の判断に立脚するしかないのである。

今日では、一生を通じて、また何ごとに関しても自分が「多数派としての正常者」の側に属すると思い込めるようなお目出度い人間は、まずいないだろう。したがって、少数派を「異常」とみなすような乱暴な考え方はできるわけがない。今日のようなボーダレス社会では、自分の生まれ育った共同体の外部に一切関わることなく、一生を一つの共同体の規範のなかでのみ全うすることは不可能に近い。現代人は幼児期からすでに、均一で安定した正常／異常の区分(閉じられた共同体の規範)を学習するのではなくて、複数の規範の間の葛藤に(父母の価値観や学校やマスコミが体現する規範のみならず、間接的には経済現象やスポーツなどを通じてアメリカやイスラム諸国における正常／異常の規範にまで)曝されて育つのである。したがって、彼らの意識における正常／異常の区分内容には、当初から大きな揺らぎが伴わざるを得ない。かくして、新しい世代には「正常」という概念がいっそう維持しがたいものとなってくるはずである。

「正常」とか「平均」とか「普通」と称されるものはどこか静的すぎて、内容の乏しい憾みがある。充実した意味は、「異常」という言葉によって一括されたために隠されてしまった諸傾向の過剰の方にあるのだろう。しかし、そうは言っても、「異常」のもつ極端なイメージの力に一方的に加担するのは危険なことである。過剰な諸傾向の偶発的な結合が、新たに大きな異常としての犯罪を生んでしまう可能性もある。

「異常」のもつ動的で潜在的な力を確保しながらその現実化に制限を加えて、一つ一つの心的傾向に広さやバランスを兼備させるものは、「正常」や「平均」ではなくて、「中庸」と呼ばれるべき心的傾向ではないだろうか。「平均値からの逸脱」としての異常という、一見もっともらしいシュナイダーの考え方が虚構であるのは、もともと有機的な関連の中にあるさまざまな心的傾向を互いに無関係な要素的傾向へと分断・還元してしまい、その一つ一つについて量的な分布を見ようとしているからである。現実に精神病質に陥ることから人を救っているのは、単離された心的傾向の量的水準ではなくて、一つの傾向が過度に発現する可能性に歯止めをかけるように働く、心的諸傾向の間に存在する「横の連関」なのではあるまいか。

しかし困ったことに、今日の若者たちにはこの「横の連関」が弱いらしい。かつては凶悪な少年犯罪が起こると、残虐なシーンのあるホラービデオの規制などが論議されたが、若者たちはその映画が全体として立派な主張をもっているか否かなどには関係なく、断片的な一シーンにシンクロして行動を起こしてしまうのである。こうして、個々の過剰な傾向の断片が偶然に結びついて、大きな「異常」を形成する危険性がつねに避けられない。

他方で、「正常」や「平均」をよしとするにしても、内容的に何を「よい」と評価するかは時代や社会による変化を免れないから、うつ病患者のように「正常」や「平均」ということ自体を規範として自己形成を図ることは、本質的な不健康さを内包する恐れがある。

テレンバッハは、独特の几帳面さと秩序愛、他人本位の対人関係、仕事への執着などを特徴とするうつ病患者の病前性格を「メランコリー親和型」と名づけて、これらの傾向に「過剰な正常性指向」(Hypernormalität) ないし「病的な正常性」(pathologische Normalität) を認めた。テレンバッハによれば、彼らが真面目・良心的・働き者といった通常「よい」とみなされる人格評価を受けるのは、彼らが「よい」評価からの脱落を恐れるあまり過剰に「正常性」を指向した結果にすぎない。つまり、彼らは実は「働き者」なのではなくて「働かないではいられない(＝遊ぶことができない)」のであり、「他人思い」なのではなくて「他人のことを気にしないではいられない(＝自由に自己主張ができない)」のであり、掛け値なしに「よい」のではなくて「人からよいと評価されないではいられない(＝自分の中の悪を直視できない)」のである。このように二重否定表現によって的確に表現される事態には、単純な肯定文が内包する積極性や自由さが欠けている。

また摂食障害患者の本態は、決してアノレキシア(無食欲症)でもなければ単なるブリミア(過食症)に尽きるものでもない。患者の食事の仕方は、拒食であり偏食であり隠れ食いであり、食事の規則性・味わい・楽しみ・食卓の歓談等々の喪失であって、その逸脱の多様性は、摂食「障害」というよりも摂食「異常」と呼ぶのがふさわしい。実際、「摂食異常」の多様な病態を表現するのにより適した、ディソレキシア(dysorexia)という術語も存在しているのである。

ディメンジョナルな分類による「正常／異常」の判断回避

そこで、人格に関する正常／異常の二分法、つまり「障害」か否かの二者択一的な判断を回避するために、最近ではディメンジョナルな分類と呼ばれる人格の分類法が勢力を得つつある。昔から使われてきた有名な人格障害の分類は、みなカテゴリカルな類型の集合体であった。つまり、臨床上有用と思われる性格類型を、他の類型とは無関係に一つ一つ記述し、概念として彫琢《ちょうたく》していったものの集合である。シュナイダーの精神病質人格は、諸類型の間に繋がりのない無体系的なカテゴリカル分類の代表である。ＤＳＭ-Ⅲの第Ⅱ軸診断に使われる一一個の人格障害類型(四六頁の表1)もカテゴリカルではあるが、後述のミロンのディメンジョナルな分類を下敷きにしているために、全体が三つのグループに大別できるというような、ある程度の系統性をもっている。

カテゴリカルな分類は、一つ一つの類型が他の類型とは独立に定義されていて質的なまとまりをもっているから、直観的に理解しやすい類型なのだが、現実の症例へ適用するとなると次の二つの難点が生じる。⑴一人の患者が複数の人格障害類型にあてはまってしまい、単一の「診断」カテゴリーの中に絞りこめない。⑵正常範囲内にある傾向(trait)とみなすか、逸脱した変異である障害(disorder)とみなすべきかの二者択一的な判断を迫られて、その点に関する判断が恣意的になる恐れがある。近年のアメリカでディメンジョナルな分類がしきりに提唱されるようになった背景には、カテゴリカルな分類における「障害」判定の恣意性に対する反省が大きいようである。

他方、ディメンジョナルな分類というのは、基本的な幾つかの精神機能軸(＝ディメンジョン)に関してその患者が、たとえば一〇段階評価のどこにチェックされるかを一覧表で示すことによって、彼の人格を表現しようとするものである。たとえばミロンの分類では、自他関係の軸・感情体験の軸・行動評価の軸という三つの軸が設定され、おのおの自立性（依存性）・両価性（不関性）・能動性（受動性）の程度が段階評価される。ちなみに感情体験の軸の両極を両価性と不関性と名づけているのは、感情体験が大きい人ほど快楽も苦痛も増大するために両価性（同一の対象に対して、愛と憎しみ、友好的と敵対的のような相反する感情や態度が、同時に存在する精神状態）を味わい、他方、不関性（感情的に関与しない姿勢をとること）は快楽の断念によって苦痛や両価性を減らすという考えにもとづいている。ＤＳＭ-Ⅲや Ⅳの人格障害カテゴリーの全体は、ミロンの最初の二つの軸を構成する自立性・依存性・両価性・不関性という四つの性格傾向の各々に能動型と受動型を設けた合計八個の類型と、精神病に関係の深い三つの重症な人格タイプとから成り立っている（その対応関係は、表１の括弧内に記しておいた）。つまり、ＤＳＭ-Ⅲの一一個の人格障害は、ミロンの体系的な分類から演繹的に導出されたという面がある。

ディメンジョナルな分類の利点は、⑴重複診断の問題が生じないこと、⑵「傾向」にとどまる変異なのか、それとも「障害」の域に達した変異なのか、という二者択一的な判断を迫られることなく、性質を量的に表現できること、⑶判定者の直観に頼る部分が減って、判断の過程をマニュアル化しやすいので客観性・信頼性が増すことなどにある、と考えられている。短所は、⑴どのようなディメンジョンのセットを採用するかに関して、意見の一致を得るのが難しいことや、⑵一覧表を見ただけでは人格像が具体的にイメージできにくい、といった点にあるだろう。

最近のアメリカでは、第一章で紹介したように、気質や行動パターンの相違を神経伝達物質や遺伝子多型の違いに還元するための人格テストとして、クロニンガーの三次元モデル(「新奇性追求」「危害回避」「報酬依存」の三軸)やコスタらの五因子モデル(「神経質」「外向性」「開拓性」「愛想のよさ」「誠実さ」の五軸)といったディメンジョナルな分類がよく使われるようになった。

クロニンガーの採択した人格の三次元は、分類の根拠に神経生化学の知見を取り入れたもので、「新奇性追求」の傾向が脳を賦活する神経伝達物質であるドパミン系に、「危害回避」の傾向が脳を抑制する神経伝達物質であるセロトニン系に、「報酬依存」が報酬を求めて懲罰を避ける行動の学習を司るノルアドレナリン系に関連づけられている。具体的に言うと、たとえば「新奇性追求」のスコアが高ければ「衝動的・易興奮性・探索的・気まぐれ・短気・浪費的」な性格と判定され、低ければ「内省的・手堅い・気が長い・質素な」性格などとみなされるわけである。しかし人格を物質の次元に還元しようとする試みには、おのずから限界があることはすでに指摘したところである。

筆者は、人格に関してdisorderの概念を不要と考えるものであるから、一見ディメンジョナルな分類に加担する立場のように見えるかもしれないが、人格の分類としてはカテゴリカルな類型の方が適当と考えている。単に人格の類型化にとどめて、「正常／異常」や「障害」の判断を持ち込んだりしなければ、カテゴリカルな類型で十分なのである。シュナイダーの精神病質の問題点は、「平均値からの偏り」という本来ディメンジョナルな方法に属するはずの量的な評価を通じて精神病質のカテゴリーを決定しようとする、悪しき混淆《こんこう》にもあったのではないだろうか。

現代的な「人格障害」の皮切りとしての境界例人格

「障害」ないし「異常」や「分類の方法」に関する論議はこの辺で切り上げて、次に、古典的な精神病質とは明確に異なった「人格障害」概念の皮切りである「境界例」概念について少し触れておこう。境界例人格には、現代的な人格障害の典型として後述する、解離性(＝多重)人格や自己愛性人格、また反社会性人格と共通する精神病理が、数多く含まれているからである。

七〇年代の「境界例」患者の急増こそ、人格「障害」の概念が、体質の先天的欠陥や生活の貧困などと縁を切った形で唱えられるようになった皮切りとみなされる。高度経済成長が達成され、消費情報社会が爛熟期を迎えたとき、大人たちの目には「何不自由なく恵まれて育ったはず」の若者たちが、突如「心の空虚」や「慢性的なイライラ」や「コミュニケイションの不全感」を訴えて、大人社会への参入を拒否しはじめたのである。彼らのこの意識は、時代社会の閉塞感と奇妙に呼応して、多くの人々が、貧しかった時代には考えもしなかった「何のために生きるのか」「私は何者なのか」といった実存的な問いにとらわれては、答えを出せずに不全感を内攻させるようになった。

境界例患者の多くは弁が立ち、平生は、あるいは一般的な対人状況下では正常に振舞うことができる。精神病患者のように幻覚や妄想をもつわけでも、神経症患者のように内心の葛藤に常に苦しむわけでもない。しかし、彼らは驚くほど感情が変わりやすくて、激しい怒りを爆発させた数時間後には抑うつ状態に陥ったり、幼児のように退行して甘えたりする。行動を自己コントロールできないために、安定した対人関係を維持できず、相手を理想化してほめたたえた翌日には徹底的にこきおろしたりする。自分の思惑どおりに相手を操ろうすることも稀でない。これらの変化は、連続性をもってアナログ的に移行するというよりも、デジタル的に瞬時に切り替わるような印象を受ける。そのチャンネルの切り替えの速さには、医者も家族も容易についてゆくことができない。拒食・過食や自傷行為や親しい者への暴力といった行動上の問題で精神科の患者となることが多く、その対人依存は頼られた相手を押しつぶしてしまうほど激しいものである。

この種の患者の出現自体が、従来の「正常／異常」の二分法を無効化する先鋒としての役割を果たした、とも言えるのである。精神科医や心理臨床家たちは、当初この種の患者の理解と位置づけに悩んだが、結局のところこれを人格「障害」とみなすことで大方の意見の一致を見た。私は、このような症例に人格「障害」という概念を適用したときから、それ以前の(「平均からの逸脱」とか

「存在や機能の欠如」といった）意味とは異なる新たな意味が「障害」という言葉に混入し、それが今日まで続いてきているのではないか、と考えている。

「人格障害」概念がはらむ今日的な意味

「障害」概念に取り込まれたその新たな意味とは、大雑把に言えば「世界と自己との間の独特の不調和感」といったものである。そこから「この私は何者なのか」「普通の人とはどこか違っている」「何のために生きるのか」「死んだら、どうなるのか」といった疑問が次々に生まれて、とどのつまりは「本当の自分探し」に乗り出すことになる。これらはもともと科学的知性によって答えられるような事実認識上の問いではなくて、意味や価値意識に関わる実践理性上の問題である。戦後の食糧難の時代なら「生き延びるため」、幕末や明治維新の頃なら「新国家建設のため」といった答えが、人々に共通する自明なものとして存在していたであろうが、経済的な豊かさと戦後の平等主義が一応の達成をみた現代の日本社会では、国民の大多数に共有されるほどの説得力をもった目的意識が見出しにくくなっている。「家族の健康と幸福」や「経済的な豊かさ」などは、「弱肉強食」や「環境破壊」を必然的に伴う資本主義的活動を前提とした「利己的」願望であるかぎり、すべての人々が手放しで共有できる至高の価値とは言えなくなってきた。「共同体の未来や身近な他者のため」という意識が重要度を減じることになれば、「自分自身のため」や「絶対的な正義のため」といった答えが浮上してこざるを得ない。しかし、それらはむしろ、「そうであるはずだ」という論理的・形式的な要請から導かれた答えであって、自然な感情にもとづく自分自身への説得力を欠いている。

自己に関する上述の疑問は、決して知的な問題として生じているわけではなくて、子ども時代からの存在的な不安とともに語られる場合が多い。それらは自問されるばかりでなく、身近な他者に対する質問としても発せられる。相手は当然、返答に窮することになるが、彼らはそのとき相手が示す言動に対して著しく過敏で、深読みをしがちである。精神科医としての筆者の臨床感覚から言うなら、今日「人格障害」者と言われる人たちの多くは、その種の「形而上学的」質問を連発することによって相手方を悩ませ続ける人たちである。それらの問いには、自然的・事実認識的な意味では普遍的な正解が存在しない。そこで、解答を求めて宗教やオカルトの領域へ入ってゆく人たちも現れるわけだが、このような疑問への解答は、各自が日々の生活を通じて長い時間をかけて作り上げられるべきものであって、解決の手段や責任を他者に求めること自体が、もともと不適当なのである。かりに自分に代わって解答を与えてくれるような他者が現れたとすれば、それはニセ者ではないか、と疑ってかかる必要がある。簡単には答えられない実存的な性質の問いや要求を相手に突きつけることがパターン化してしまうと、それは次第に「内面」を露出し合うコミュニケイションの道具と化して、隠微な感情に裏打ちされた支配・依存の二者関係を作り上げてしまう危険がある。

個人の人生のような唯一的・一回的な問題に対して、科学は原理的に答えることができないはずである。それにもかかわらず、ひたすら科学を信奉するという脳研究者などが、かえって今日では淡々とした客観的記述に自足することができず、著作に自分の信念や価値観に関する語りを混入させたがる傾向が見られる。自らの唯物論「信仰」や哲学「嫌い」を、わざわざ自分の生活史にまで遡って強迫的に語らなければ気が済まないような科学者の論述には、オカルト的神秘主義や独断的な信仰告白に通じるニュアンスが感じられて、無理に抑圧してしまった「私」や「心」や「生死」といった主観的な領域の重要性を、かえって雄弁に暗示しているようにも思われてくる。

今日の若者たちにとって「世界を受容する」ことは、以前の世代ほど容易な課題ではないように見える。多様に激しく変化するばかりで、理想も共感も将来の希望も抱かせてくれない「灰色の世界」に住みつくことに居心地の悪さを感じて、世界を拒絶しようとしたり、いっそ破壊や没落を望んだり、世界から超出したいという願望にとらわれることは、今日の若者の間で基底的な気分になっているのかもしれない。それは、怪物化した世界から自己を守るための一つの「異常な」適応形態とも考えられる。しかし、人間は世界を全面的に拒絶して生きることはできない。世界の破滅が到来せず、自己や世界を乱暴に破壊してしまうこともできないのであれば、人間はどんなに不本意でも、多かれ少なかれ世界を受容して生きてゆかざるを得ないのである。自らの生きる意味や価値観が希薄になった人々は、それを周囲の他者たちからの是認によって獲得しようとする。そこにまたしても、人格障害に至る「他者依存」が発生してしまう恐れがある。

個別例への人格障害類型の適用

「酒鬼薔薇聖斗」・宮崎勤・麻原彰晃の三人が、おのおの反社会性人格障害・多重人格障害・自己愛性人格障害の診断基準に合致することは前述した。この三つの人格類型は、おのおの反規範(犯罪)・解離(自己同一性の解体)・自己愛(他者への操作的依存)という、今日の社会を特徴づける中心的テーマを内包している。そこで、以下に、この三人を素材にしながら、これらのテーマについて少し考察してみたい。ただし、筆者はもちろん彼らに会ったことがないし、彼らの生活歴や事件について詳細に知り得る立場にはないのだから、彼ら個人への言及はあくまでも副次的なことがらである。個人としての彼らを主題的に論じることは、精神鑑定などの個別記述的な仕事に委ねられるべきであろう。

神戸連続児童殺傷事件に関しては朝日新聞大阪社会部編の『暗い森』(朝日新聞社)を、幼女連続誘拐殺人事件に関しては佐木隆三氏の『宮﨑勤裁判』(上・中・下)(朝日新聞社)を、信頼のおける基礎資料とみなして以下の論述のために参照した。これらの本は、事件を徒らにジャーナリスティックに煽りたてたり、犯人を一方的に断罪したり、事実と解釈を混同したりすることなく、可能なかぎり客観的な情報にもとづいて慎重に記述されている、と思われたからである。

反社会性人格障害と「酒鬼薔薇」少年

人格障害や精神病質には、犯罪や非行などの問題行動によって定義される類型が含まれている。反社会性人格障害はその代表格であって、その診断基準は、「法を守れず、犯罪を繰り返し、良心の呵責も欠如しているために、社会が迷惑する」という社会的価値規範を如実に反映している。前述したように、「犯罪や非行」は有るか無いかの悉無律に従う「行為」であって、量的・連続的な変異をなすものではないから、この人格障害類型がシュナイダーの構想にあてはまらないことは明らかである。そこで彼は、「反社会性人格障害」という名称を避けて、同情心・羞恥心・良心・道徳的感情などの著しい欠乏を意味する、冷酷な「情性欠如者」という、より中立的に見える「心理学的」名称を作り出した。しかし、平均からの偏りがいかに著しくても、社会や本人自身が困らない種類の心的・行動的な傾向ならば、それを核にした人格障害概念がそもそも作成されることはないのだから、これは小手先の合理化に過ぎないだろう。

マコードは、精神病質をシュナイダーのように諸類型に分類したり、心理学的な用語に置き換えてソフィスティケイトしたりせずに、反社会性・原始性・衝動性・攻撃性・罪の意識の欠如・愛する能力の欠如、という六項目によって端的に一括している。要するにマコードは、精神病質を反社会性人格障害の同義語とみなしているわけである。これは社会的な価値意識の露骨な押し出しには違いないが、それだけに正直でわかりやすい立場と言えるだろう。

「酒鬼薔薇」少年や佐賀の西鉄高速バスジャック犯の少年が「反社会性人格障害」やその少年版としての「行為障害」と診断されているようだが、これには疑問を禁じ得ない。「反社会性人格障害」の診断基準（四七頁参照）の各項目をもう一度確認していただきたい。そこに記述された内容は、「社会的規範に従って法を守ることができず、良心の呵責が欠如している」という一点を除けば、彼らの犯罪はもとより日常心理や行動特徴に合致しているようには、私には思われないのである。「反社会性人格障害」の診断基準に的確に合致するような犯罪者の多くは、むしろ微罪の累犯者ではないだろうか。そもそも「反社会性人格障害」に関する診断の信頼性（評価者間の一致率）が他の人格障害の診断と比べて高い理由も、その診断が、各項目の記述との忠実な照合によってとは別に、犯罪行為があったという結果に暗黙のうちにもとづいているからであろう。

ＣＴ（コンピュータ断層撮影）やＭＲＩ（磁気共鳴断層撮影）による画像診断学や分子生物学の技術が発達した今日、「反社会性人格障害」者の脳に形態学的な異常が発見されたり、遺伝子や脳内物質になんらかの異常が認められるようになるかもしれない。しかし、それはおそらく、従来も脳波などに見出されたような非特異的な異常にすぎないのではあるまいか。かりに凶悪犯の脳を検査して異常が見つかったとしても、それは必ずしも先天的な欠陥を意味するものではない。今日の科学の常識では、脳の神経回路の形成や遺伝子プログラムの発現には幼児期の経験や環境からの適当な刺激が大きな役割を果たしている、と考えられているからである。「酒鬼薔薇」少年やバスジャック少年の脳を精密に調べて何らかの異常所見を見出したところで、「反社会性人格障害」者が重大犯罪を起こす原因を、その生物学的な所見だけに還元することには、基本的な無理がある。

精神医学の諸概念には、治療目的に使用される諸概念のほかに、分類という行為への専門家個人の飽くなき欲望を反映したり、社会的秩序維持への奉仕を目的に作られた概念体系があるように思われる。「反社会性人格障害」は後者の典型であって、すでに犯されてしまった行為に対する事後的な説明や裁定に利用され、既成の秩序や道徳を補強するものとして機能する。しかし、「反社会性」という概念を「犯罪性」と同一視することには、もともと無理がある。人間は、彼が住む社会への適応や社会的価値への同一化のみによって生きているわけではないからである。犯罪者でない人々でも、その社会性がある種の反社会的な要素との間の緊張関係を欠いたならば、彼の生は深みを失ったものになってしまうだろう。だからと言って、「反社会性」の概念を、犯罪行為によってではなく、「道徳心の欠如」のような内面的姿勢によって定義することも、やはり難しい。たとえばニーチェやラカンのような人にとっては「反社会性」こそ倫理なのであって、相手の立場になってみる同情や共同体社会への寄与を善とみなすような倫理学はポリティクスにすぎないのだから。

中学・高校生世代の見えにくさ

近年の中学・高校生世代の犯罪は、家庭内暴力・学校内のイジメ・原因不明の自殺なども含めて、大人には理解困難なものが多い。一九九八年の初めには、ナイフを使った中学生の殺人事件が頻発し、マスコミを賑わせた。これに対する教育評論家や精神科医などの「識者の説明」は、一般の人々を納得させるというにはほど遠い。専門家にしても、積極的に自説を展開しているというよりは、むしろ事件によってやむなく語らされているといった印象が強い。一般論やマニュアル的な治療の御託宣は、今日無力なのである。精神科医も、自分の診察室を受診したこの種のケースに対してみずからの無力をさらけだすことは避けられない。実際、症状や問題行動が明確な姿をとって現れてきたときには、水面下にすでに長く蓄積されてきた問題が伏在していて、表に噴出しようとするその勢いは簡単に食い止められるようなものではない。短期間の個人治療で根治するようなケースは、もともとの病理が軽い、今日では少数派のケースに過ぎないだろう。多くのケースは、精神科医と長期間繋がることによって何とか症状や問題行動の悪化を制御しているような、十分とは言えない改善のなかにある。

中学・高校生の生態というものはもともと大人の理解を超えていて、彼らが示す逸脱には一般的な治療法も存在しないのではないだろうか。そもそも彼らとの関わりに「治療」という概念を適用してよいものかどうかさえ疑問に思われる。わかったような解説をしては現実の事件の勃発に次々と裏切られることを繰り返しているよりは、そのように覚悟を決めてしまった方が適切ではないのか。子どもから大人への過渡期にあたるこの年代では、身体の各部の成長が目に見えてアンバランスであるように、感情や思考や表現力の発達の程度も領域ごとに、また個人ごとに著しく不揃いであって、彼ら自身がそのような自分のちぐはぐさをもて余しているように見える。世界と自己が渾然と一体化していることもこの年代の特徴であって、自分とは全く無関係なところで起こった社会的事件によって自己の存在を震撼させられる体験が、中学・高校生には少なくない。あるいは「出ていけ」「いなくなれ」などと言われた言葉が文字通りに受け取られて、家出や自殺に直結するケースもある。

小学生までの子どもは、通常は家庭内に庇護されている。たとえ暗い気分に陥ったとしても、その子は家庭を通してこの世界に繋ぎとめられており、大人がその気分を変えさせることは比較的容易である。大学生以降になると、家庭内の問題や社会的な出来事の多くを「他人事」として自分から切り離し、知的に処理する術を身につけるようになる。大学生以降の年代の自殺企図はどこか知性化され、この世に未練を残したところがあって、未遂率が高くなる。原因のはっきりしない自殺を試みて既遂率が高かったり、大人しくて可愛らしかった知的障害者が急に粗暴になって親の言うことを聞かなくなったりするのは、多くは中学生の時期である。それは昔からの現象だが、今はそのような中学・高校生をこの世界に繋ぎとめる社会の側の力がますます弱まってきているように見える。

「酒鬼薔薇」少年のケースに関しては、現在の日本社会のなかでの中学生世代という背景状況に加えて、この少年個人の特殊事情をも勘案しなければならないだろう。彼は視覚像をありありと保持したり呼び起こしたりできる直観像素質者と言われている。そのイメージ能力が性的衝動や生物の解剖行為と結びつき、そこに言語能力の豊かさが加わって、孤独のうちに独自の美意識や創作への意欲や自由・神・道徳といった超越的な観念を発達させるとき、どのような人格が出現し得るのか。それは、このケースに即して丁寧に、個別記述的に検討しなければならない課題である。

神戸連続児童殺傷事件から三年経った二〇〇〇年の五月に、豊川市で一七歳の少年が、「人を殺す経験がしてみたかった」という動機から見知らぬ家に侵入して主婦の頭を金槌で殴り殺した。その二日後には佐賀市でも、同じく一七歳の少年が高速バスを乗っ取って猟奇的な殺人事件を起こした。「酒鬼薔薇」少年と同期であった彼らもまた、平生は全く人格障害者に見えなかったのである。一四歳のときに起きた「酒鬼薔薇」事件が、同年輩の少年たちの心に当時どれだけの深甚な影響を及ぼしたのだろうか。これらの事件は、その影響が一旦は無意識の中に沈澱したものの、数年後に行動の形をとって現れたものなのであろうか。この年代の子どもたちには、特有のヴァルネラビリティ(受傷しやすさ)を通しての不思議な連帯が常に感じとられるのである。

この種の重大犯罪を犯した少年の更生にあたっては、社会の側から少年に「反省」や「謝罪」の言葉を性急に求めることには慎重でなければならないと思う。「自分がなぜあのような犯罪を犯すことになったのか」という問題にみずから十分に向き合うことなくなされた「改心」は、本人の人格を犯行前の状態以上に毀損してしまうだろう。この点に関して現代でもなお参考になるのは、『罪と罰』のラスコーリニコフの更生問題に際して、作者のドストエフスキーが描いてみせた粘り強い「待ちの姿勢」である。

ラスコーリニコフは、「強者の思想」つまり「新しい価値を生み出す非凡人は、法律や道徳に縛られることなく、良心に従ってナポレオンのように他人の血を流すことができる」という身勝手な考えに頼って、金貸しの老婆とその妹を殺害する。しかし、犯行後の彼からは「強者の思想」など雲散霧消してしまう。彼は自分の犯罪の意味や動機についてあれこれ詮索し自問自答を繰り返すが、いずれの説明も自分自身を納得させない。主人公の周囲の人物たちも、彼に更生のきっかけをもたらすべくさまざまに働きかける。妹のドゥーニャは家族愛ないし「妹の力」をもって、友人のラズーミヒンは控え目な友情によって、予審判事のポルフィーリィは人生の先輩ないし率直な大人の立場から、アルコール依存症の下級官吏マルメラードフは頭で考えられたのではない悲惨な現実生活を身をもって示すことによって、本能的欲望に仕えるスヴィドリガイロフはニヒリズムの思想を通じて、そして娼婦のソーニャがキリスト的な愛と献身をもって、主人公の「思想」に揺さぶりをかける。それでもなお、小説の中で主人公に決定的な改心は訪れていない。作者は、エピローグにおいてわずかに、シベリアへ流刑されて一年後のラスコーリニコフの姿に更生の予兆を暗示しているが、それでも「一人の人間が徐々に更生して、今まで知らなかった新しい現実を知るのは、別の物語の始まりである」という言葉でこの小説を結ぶにとどめている。

いずれにせよ、犯罪という積極的な行為の出現を「存在の欠如」としての「障害」とみなすことは、どう考えても不合理である。不可解な行為は常識的な意味での「狂気」の現れであって、フーコーが述べたように、それは精神医学や精神病の概念よりも古く、根本的な出来事なのである。狂気を医学的な疾患や「人格障害」と認定するか否かは、生物学的な問題でも専門家たちの思想の問題でもなくて、むしろ人々の社会的・歴史的な合意にかかっている。精神科医は、人々が社会的な

表4　DSM−Ⅲ−R の「多重人格障害」(Multiple Personality Disorder)の診断基準

(A)患者の内部に，2つ以上の異なる人格または人格状態が存在すること(その各々が，それぞれ固有の，比較的持続する様式をもって，環境および自我を知覚し，関係し，思考する).
(B)これらの人格または人格状態の少なくとも2つが，反復的にその人の行動を完全に制御していること.

表5　DSM−Ⅳの「解離性同一性障害」(Dissociative Identity Disorder)の診断基準

(A) 2つまたはそれ以上の，他とはっきり区別される同一性または人格状態の存在(その各々は，環境および自己について知覚したり思考したり，それと関係したりする比較的持続するパターンをもっている).
(B)これらの同一性または人格状態の少なくとも2つが，反復的にその人の行動を支配する.
(C)重要な個人情報の想起が，ふつうの物忘れでは説明できないほど過度に不能となっていること.
(D)この障害が，(アルコール中毒時の混乱した行動のように)薬物とか(てんかんの複雑部分発作のように)身体疾患一般の直接的な生理学的作用にもとづくものではないこと.

合意を作るための基礎知識を提供し得るだけなのである。

多重人格障害と宮崎勤

議論に先立って、DSM−Ⅲ−R(一九八七)の「多重人格障害」とDSM−Ⅳ(一九九四)における「解離性同一性障害」の診断基準を表4と表5に掲げておこう。

DSMの第三版(DSM−Ⅲ、一九八〇)の「多重人格」という名称は、その改訂版(DSM−Ⅲ−R)では「多重人格障害」になり、第四版(DSM−Ⅳ)では「解離性同一性障害」と、次々に変更された。DSM−ⅢやDSM−Ⅲ−Rでは「解離性」の代わりに「心因性」とか「ヒステリー性」という言葉が使われていたが、分類体系全体の中でのその位置づけは、一貫して第Ⅰ軸の「解離性障害」の中に、解離性健忘(生活史健忘)・解離性遁走・離人症と並べて置かれている。解離という現象は、一般に「意識や記憶や知覚やアイデンティティといった、通常は統合されているはずの精神機能の断裂」あるいは「通常の意識状態では意識したり記憶したりすることができない、別の意識状態の存在」のことをいう。

ＤＳＭ-Ⅲ-Ｒでは明確に「多重人格障害」という名称を採用しておきながら、これを第Ⅱ軸(人格評価の軸)へ移動させることなく引き続き第Ⅰ軸の中にとどめ置いたのは何故であろうか。ＤＳＭはいったいこれを「疾患」(第Ⅰ軸)と考えているのか、それとも「人格障害」(第Ⅱ軸)とみなしているのだろうか。「疾患」と「人格障害」に跨がっていて区別が困難な病態という点は、「境界例人格」概念が採用されたときから発生していた難問の踏襲である。ＤＳＭ-Ⅳの名称では、障害をこうむる対象が「人格」から「同一性」へと変わったが、両者の異同について十分な議論がなされているわけではない。

別の「人格(または同一性)」の存在とは、たとえばふだんは幼稚で無口・無関心な態度に終始している宮崎勤という人物が、立派な犯行声明文や告白文を書いた「今田勇子」という人格に突如として変身したり、厳しい面接を試みた一人の鑑定人に対して鋭い反発を表明した鑑定拒否文を送付したり、幼児に出会った瞬間に自分自身も幼児に豹変するといった人格変換が起こることを指している。宮崎勤という主人格は、これらの副人格の存在を全く記憶していない。別の「人格」というところまで結晶していない「解離性健忘」の体験となると、子どもの頃に外でいじめられて「気がつくと、玄関の中にいた」り、「どこで購入したのかわからない」ビデオテープが、「知らない間に」五〇本も車のトランクに入っていたりなど、彼の場合かなりの回数に上るようである。

宮崎被告のケースを「多重人格」と診断する議論の詳細については、前掲の佐木隆三氏の裁判傍聴記録や和田秀樹氏の著書『多重人格』を参照していただきたい。ここでは、宮崎裁判に提出された三つの精神鑑定書の結論が全く異なっていたことに関連して、精神鑑定の困難さについて一言触れておこう。鑑定結果は、おのおの「人格障害」「精神分裂病」「ヒステリー性解離症状(多重人格)を主体とする反応性精神病」というように、三者三様であった。「精神科医による精神鑑定とは、そんなに信頼性の乏しいものなのか」と読者は訝しむかもしれないが、犯行から何年も過ぎた時点で犯行当時の犯罪者の精神状態を再構成するという試み自体が、かなり無理な課題なのである。

その間に拘置所内の宮崎被告は、自分の犯罪を論評したり自分の心理について解釈した多くの本の差し入れを受けて読んでいたという。たとえ彼がそれらの内容を十分に理解できていなくても、断片的な知識の記憶がサブリミナルな効果を発揮して、鑑定人の質問に答える際の彼の言動を左右したことは大いに考えられる。サブリミナルな効果とは、たとえば通常のドラマの映像の中に数十分の一秒の割合でジュースのCM映像を混入させておくと、視聴者はそのCM映像を意識的に知覚も記憶もしていないにもかかわらず、なぜかそのジュースが飲みたくなる、といった類いのものである。本人が意識的に精神病を装う「詐病」ならばそれをあばくことはむしろ容易なのだが、本人にとって無意識化された曖昧な言動となると、「それが何によるのか」を鑑定する作業が著しく困難になることは想像に難くない。

もちろん精神科医は、相手のその曖昧な言動に対してなんらかの主観的な印象をもつことはできる。しかし、その印象の正しさに客観的な根拠を求められた場合、証拠を提示することはきわめて難しいだろう。今日の科学や社会通念は、客観的なものなら浅薄なマニュアルでも尊重する反面、プロの経験に裏づけられた主観的な評価は軽視する傾向にある。こういった現状では、私は精神科医たちが「鑑定不能」という結論をもっと出す方がよいのではないかと思っている。

自我の同一性と人格の同一性

自我ないし「私」と人格との関係について、第一章では、自我が他人から見えない内的な意識であるのに対して、人格とはむしろ自己にとっては無意識の部分であって、行動の表出を通じて主に外部から他者たちによって構成される、という考え方を採用した。この考えを延長するとき、究極のところ、自我は記憶の同一性によって主観的に確保され、人格は身体の同一性によって客観的・

社会的に保証されることになる。「解離」という現象の蔓延化は、記憶による主観的な同一性の確保を危うくするものだが、人格という概念はもともと身体と言動を通じての外からの同定に主眼を置いている。たとえ痴呆化によってその性質が一変してしまったとしても、現行の社会慣習では、その人物は以前と同一の人物とみなされる。ある人物の人格とは、痴呆化した部分までも含めて社会的に構成されるもの、と考えられているのである。主観的な記憶にもとづく同一性を人々に強く要請することが難しくなった現代社会では、人格を身体と言動の同一性によって外から規定する方向へ進むのは自然の成り行きであろう。そこで、客観的に見れば同一の身体をもった同一であるはずの人物が、時によってまるで異なった言動を表出するという解離現象が問題になってくるのである。

解離が「軽度」にとどまるならば、人格の多重性自体は、今日かなり一般化した現象と言えるだろう。たとえばある男性が、女子学生の衣装を着て街を歩くこともできれば、インターネット上で仲間たちに「自分」を隠し、「薄幸な黒人少女」という人格を演じることもできる。自分を「徳川時代のお姫様」や「火星に住む五〇〇歳の老人」と夢想したからといって、それだけで彼を「人格障害」と呼ぶことはできないであろう。

同一性ないしアイデンティティという言葉は、エリクソンの「自我同一性」概念以来、あまりにも多義的に使用されてきた。長期的な目標や職業選択、友人関係、共同体への帰属意識などがもてないことに悩んで、「自分はいったい何者なのか、わからない」と嘆き、「今の自分とは別の、本当の私を探したい」と願うような患者は、自分の存在価値や生きる意味内容を問題にしているのであって、経験する主体のまとまりを可能にしている超越論的枠組み自体が障害されているわけではない。前者は「人格」の問題であり、後者は時間や現実性の構成に関連した超越論的構造としての「自我同一性」の問題である。

多重人格障害で問題となるのは、「あらゆる自我に、単一の人格との合致を、あるいは部分人格を統べるものとしての機能を要求すべきなのか」ということであろう。この概念に含まれる「障害」という言葉は、平均値からの量的な逸脱とか人格の内容を作る諸々の性質の異常を意味するものではなくて、端的にその自我が「人格の同一性」という形式的・質的な標識を失っていること、つまり「解離」がその自我の本質を形成していることを意味している。ヤスパースは「自我」を規定する形式的な四標識として、⑴単一性、⑵能動性、⑶外界への対立意識とともに、⑷時間的な連続性という意味での「同一性」を不可欠なものとみなした。だから、ヤスパースに従えば、多重人格障害者の自我は「自我」として成立していない、ということになってしまう。

けれども多重人格は、全体としては人格の同一性の障害であるにしても、解離された一つ一つの部分人格を見るなら、その同一性や各時点での単一性はよく保たれているのである。多重人格として行動する人の多くは、ヤスパースの見解に反して、さまざまな部分人格の手綱を握る自我の同一性や唯一性を保持しているように見えるし、正常人の中にも固有名を与えられた主人格（筆者の場合なら「鈴木茂」という人格）が内的な「自己」意識と必ずしも一致していない、と感じている人は少なくないようなのである。

筆者が思うに、単一の人格との合致を健康の基準として現代人の自我に要請することには無理がある。生物学的に与えられたセックスと環境の中で形成されたジェンダーの意識とが異なる「性同一性障害」患者への最終的な治療法として性転換手術を行うことが、最近わが国でも正式に認められた。多重人格が、心理的体験や環境によってのみならず、物質的な基盤をもって成立する場合もあるだろう。たとえば心臓や肺といった大きな臓器の移植に際しては、ドナーの食物の嗜好の記憶や行動パターンや体質や人格までもがレシピエントに移植されてしまう可能性が指摘されている（シルヴィアほか『記憶する心臓』角川書店）。つまり、移植後のレシピエントには二つの人格が共存することになるわけだが、これを単に「異常」や「障害」と言って済ますわけにはゆかないだろう。

多田富雄と養老孟司は対談（『「私」はなぜ存在するか』哲学書房）の中で、子ども時代の自分を写真で見ると、「自分というよりも、他人に見える」と述べているが、それが現代人の普通の感受性ではないだろうか。彼らの発言は、現代人にとっては「人格の同一性」が主観的には必ずしも成立していないことを示唆している。「子どもの頃の自分」という部分人格への過剰な思い入れや固定的な単一人格への強い収束願望は、人格障害の患者にしばしば見られるものであるが、このような傾向こそむしろ病的な徴候とみなしてよいのではないだろうか。

それでも、人格が他者や社会に向けられた外的な顔である限り、社会的・法的には人格に同一性の要求される場面があることは間違いない。解離性同一性障害は今日、(a)その原因が小児期に養育者から受けた心的外傷にある、とする説の真偽、(b)犯罪との関連や責任能力の問題、(c)これまで分裂病の診断基準として広く使われてきた「シュナイダーの一級症状」(八項目の症状リスト)が分裂病患者以上に発現しやすいことから、両者の鑑別の問題、という三点で注目を浴びていて、宮崎勤被告の精神鑑定でもまさしくこれらの問題が争点になっている。しかし、詳しくはここでは論じられないので、興味のある方は、前掲の和田の著書を参照していただきたい。

自己愛性人格障害と麻原彰晃

宮崎勤や「酒鬼薔薇」少年は周囲から孤立した存在であり、その犯罪は孤独者の犯罪であった。他者や社会との関係の「欠如」が犯罪の背景として存在しており、有名になって多数の「観客」が生まれたのは、すべて犯行後のことである。それに対して麻原彰晃は、事件を起こす前から周囲に大勢の信者を惹きつけていた人物であり、その犯罪は部下たちによって実行されたものである。かりに周囲の信者たちが彼をかつぎあげなかったなら、彼の犯罪はあり得なかっただろう。麻原の場合、他者や社会との関係のもち方が、「人を惹きつける」コミュニケイション能力や集団を形成し維持する能力という、積極的な形で現れている。「反社会性人格障害」の概念は、犯罪を孤立した個人の行為へと還元し、「解離性同一性障害」の概念は、問題を親子という二者関係の歴史に還元しようとする。それに対して、オウム真理教の犯罪は、組織内のコミュニケイションの問題と関連した集団形成における「狂気」であって、そこでは「自己愛」の問題が大きな役割を果たしている。

麻原彰晃が、四七頁に掲げた「自己愛性人格障害」の九項目をすべて充たすことは明らかであろう。第四章で再び述べることになるが、一部の自己愛性人格の最大の問題は、親しい他者を隠微な形で支配し、精神的に毀損する点にある。「自分さえ快楽を味わえれば他人のことは知らんぷり」というような、他者を放置しておいてくれる自足的なエゴイストならば、それほどの害を撒き散らしはしない。「自己愛性人格障害」者とは、自分の欲望充足のために他者の操縦や羨望や依存が欠かせなくなっている人間なのである。

とくに彼らが「親」的な立場に立ったとき、「子」の立場にある者に対する搾取や毀損は甚大なものとなる。自己愛性人間のニーズは、通常は十分に充たされることはないのだが、麻原彰晃の場合のように、周囲にいる現実の他者たちがこぞって彼のニーズを充たそうと競い合うとき、自己愛的な欲求は現実からの歯止めを失って際限なく肥大してゆくだろう。

麻原彰晃を教祖としてかつぎ、彼の命令を実行に移した部下たちの多くは、現在の自分の在り方に満足できず、「本当の」生き方を真面目に追求する良心的な人々だったようである。自分たちが育ってきたこの世界の不正や居心地の悪さに失望し、「今の自分は、本当の自分ではない」「俗世間の軽薄な人間関係とは違った、真実の人間関係がある別の世界へ行きたい」といった願望は、前述したように、「人格」に関わる実存的な問題意識である。麻原教祖は、彼らのこの「解脱《げだつ》」願望に対して、身体的な訓練を通じて神秘体験を味わわせることによって、「よりよい世界」に到達できるかのような幻想を提供したのである。

「この世界を超出したい」という願望は、多かれ少なかれ誰でももっている。冒険家などは、その願望とこの世界への根づきとを何とか和解させて生きているのだろう。「世界への投錨」がうまくゆかず「世界との一体感」がもてない人や、高度資本主義社会の論理や倫理に適応したくない人などに、超出の欲望が高まることは想像に難くない。自己と世界との間のこのような不調和感が日本人にとってかなり一般的なものになってきたのは、いわゆるオタクあるいは新人類の世代以降のことではないだろうか。

共通の目的意識をもって作られた集団ではあっても、それを維持するためには何らかのルールと経済的な基盤が不可欠である。オウム真理教団の場合、「父なる神」としての麻原個人のその時どきの言葉がルールであり、信者たちが出家の際に持参する財産が経済的基盤であったらしいから、存続のための基盤としては不安定きわまりない。この世に終末をもたらそうとするかのようなサリン犯罪は、何も教祖が被害妄想的になったからではなくて、教祖がみずからの権威と経済的基盤を維持するために連発した予言のつじつま合わせによって起こされたように見える。すべての似非《えせ》父親は、結局のところ「定説」やら「天声」やらを言い出さなければ納まりがつかないところにまで、集団によって追い込まれるのである。

実際には、自己愛性人格障害者の大半が、麻原のように他者を自在に動かせる能力をもっているわけではない。この人格障害の診断基準にあてはまるような若者は、この十数年来わが国に著しく増加しつつあるが、その多くは他者を魅了するどころか、むしろ他者の不興を買って避けられてさえいる。たとえば西鉄高速バスの乗っ取り少年は、中学・高校時代に学校集団への適応に失敗して自宅に引きこもって以後、インターネット上の掲示板で集団に帰属し、他者からの承認や同情を得ようと試みた。けれども、コミュニケイション技術の稚拙さによって、彼はそこでも嫌われ、さんざんバカにされて、自尊心と自己愛を徹底的に破壊されてしまう。筆者にはこの自己愛の毀損による被害者意識の増大が、事件を引き起こす直接の動機になったように見える。麻原の場合は自己愛を他者から支持されることのいきすぎた成功が、バスジャック少年の場合はその失敗が、犯罪につながっているように思われるのである。

もちろん、麻原彰晃が自己愛性人格障害者であることを、彼が多数の信者を操って重大な犯罪を犯したことの「原因」とするわけにはゆかない。しかし、彼の牽引力とオウム犯罪の勃発が、現代社会における自己愛性人格の大量産出と関係していることは疑い得ないように思われる。自己愛性人格がはらむ本質的な問題については、第四章以下で再び取り上げるつもりである。

第三章

人格と病気

前二章では、「人格」や「障害」ないし「異常」といった概念をさまざまな角度から検討してきたが、「人格」をとりあえずは「病気」の概念から独立したものとして取り扱ってきた。けれども、特定の「病気」に対して「親和性のある」人格や生き方が存在するという考えは、古代ギリシャの昔からさまざまな疾患について唱えられてきたことであり、現代の医学においても広く信じられている。そこで本章では、「人格」と「病気」との間に推定される密接な関係について論じてみたい。

一般に、病気との関連でみた場合には、人格は、(1)病気そのものではないが、その病気をもたらす一要因となり得るような「病前性格」、(2)病気そのものの最軽度の(あるいは頓挫した)表現、(3)病気を経過した後でその病気によってもたらされた人格の構造変化、として解釈される。この中のいずれか一つに決定することは、事実上困難なうえ恣意にも流れやすいので、近年ではそのような決定を棚上げにして、単に統計学的に「○○病患者(あるいはその血縁家族)と××性格者との間には相関の頻度が高い」ことを立証するだけの研究がよく行われている。他方で、病気や人格という概念を、個人が環境と関わりながら主体的に生きてゆく歴史のなかに、つまり生活史や人生のドラマの展開のうちに位置づけようとする試みもある。

体験反応と人格反応

身体の病気で入院している患者が精神症状や問題行動を起こした場合、身体科医は精神科医にそれらの症状や行動の「原因」を鑑別する作業を依頼してくる。この鑑別診断に関しては昔から、外因・内因・心因の三分法という教科書的な解答があった。外因性精神障害というのは、さまざまな脳疾患や中毒、糖尿病・肝硬変・腎不全といった身体疾患に由来する、つまりは身体に原因のあることがはっきりしている精神症状の発現であって、大雑把に言って急性の発症ならば意識障害が、慢性の経過なら痴呆が主体となった精神症状を呈する。第二に内因性精神障害とは、広い意味での外因が見当たらない、すなわち発生した精神障害の原因とみなすに足るほどの明確な客観的所見が、身体にも心にも環境にも特定できないようなケースを意味する。具体的には分裂病と躁うつ病からなっていて、いずれも現在まで明確な身体的原因が見つかってはいないのだが、それでもやはり未知の身体的原因の存在を想定する研究者が主流なのである。

外因・内因の二つに対して、心が環境からの影響を受けて、身体を巻き添えにすることなく、精神症状を発現させたとみなされる場合を、心因性精神障害とか心因反応と呼んでいる。今日ではあらゆる精神障害の発生に、生物学的・心理的・社会的の三因子が複合的に関与している、すなわち外因性精神障害の発生にも心理・社会的な要因が、心因性精神障害の発生にも生物学的・身体的な要因が関わっている、と考えられるようになったので、この図式的な三分法は、原因論としてはすでに否定されている。しかし、個々の症例ごとにどの要因が最も強く働いているのかを簡便に示すには便利な言葉なので、日常の臨床では今だによく使用されているのである。

心因反応には、「体験反応」と「人格反応」と呼ばれる両極がある。前者はたとえば大地震の後の虚脱状態とか失恋後のうつ状態のように、その患者がどんな人格であろうとも、それとほぼ無関係に起こると考えられる心因反応を意味している。「末期ガンを告知された患者が自分の死を受容できるようになるまでには、否認・怒り・取り引き・抑うつという四段階の精神状態をたどる」としたキューブラー＝ロスの定式化なども、基本的にはすべての人にあてはまる「体験反応」として考えられている。

他方、「人格反応」とは、たとえばもともと自分の身体の状態に神経質な人が、検診を受けた結果「一項目だけ正常値をちょっと外れているけれども、ほとんど問題ない」などと言われたとき、その一項目が頭から離れず悩み続けているうちに、「本当はガンなのに、隠しているに違いない」と思い込んだり、計算がピタリと合わないと気が済まない几帳面な人が、帳簿上で百円足りないことにこだわっているうちに「家が破産してしまう」とまで思い詰めるに至ったりといったもので、同じような体験をしても大多数の人はそんな反応を起こすとは考えにくい、つまりはその人の人格の弱点をピタリとついた体験であったからこそ心因反応を起こす誘因になり得たのだ、と考えられるようなケースのことをいう。実際にはこの人格上の弱点は、ふだんは長所ないし本人が自信をもっている部分であることが少なくない。人は自分が得意としている点で案外躓《つまず》きやすいものなのである。

うつ病と人格との関連

どんな長所にしても、それがかえって不利に働くような状況は発生し得る。その際にその状況を、新たな自分を開拓するための機会もしくは一種の自由として肯定的に受けとめる姿勢がないならば、人格上のどんな長所も一転して牢獄と化してしまう可能性がある。そのことを典型的に示しているのが、うつ病患者の「病前性格」と言えるだろう。

うつ病に陥りやすい「病前性格」類型としては、クレッチマーの循環気質、下田の執着気質、テレンバッハのメランコリー親和型の三種類が広く知られている。簡単に説明しておくと、循環気質ないし循環性格という性格類型の中核をなすものは、社交的・善良・親切・気さくといった特徴で、躁うつ病の症状はこれらの基本的特徴が増強したもの、とみなされている。これらの性質を、意地悪い見方で言い換えると、孤独に弱く、お人好し、お節介で、理知的でなく情に溺れやすい、ということができるだろう。

下田光造は、躁うつ病の病前性格を循環性格とみなすクレッチマーの学説に反論して、自らが提唱する執着気質こそこの病気の病前性格であるとする説を展開した。下田の執着気質とは「仕事熱心・凝り性・徹底的・正直・几帳面・強い正義感や義務責任感・ごまかしやズボラができないといった特徴のため、他人から確実人として信頼され、模範青年・模範社員・模範軍人等と誉められている種類の人」であるが、この性格の基礎は「一度起こった感情が、正常人のように時間の経過とともに冷却することがなく、その強度を長く持続したり、むしろ増強したりする点にある」とされている。

最後にテレンバッハのメランコリー親和型であるが、その本質特徴は、特別な形の几帳面さに、つまり慣れ親しんできた秩序の中にはまり込んで抜け出せないという、秩序への独特な愛着にある。仕事面での几帳面さは学生時代から顕著で、宿題は期日までに入念に仕上げるし、ノートはきれいにとる。決して忘れ物をせず、「ｉの字の上の点まで忘れないように気をつける子」であったりする。職業に就けば「働くことが生きがい」で、主婦になれば「近所中で一番きれいに、家をきちんときりまわす」。何ごとも「いい加減で済ますことができず」、自分自身で納得がいかないと、最初からもう一度やり直す。その日の仕事は翌日まで延ばせず、仕事が済んだ後でも休暇中でも上手にくつろげず、休んだ後には「三倍にして取り戻さなくては」という気持ちになってしまう、というような性格である。

対人関係の面では、他人との摩擦や衝突を恐れて、もっぱら他人のために配慮しようとする。他人に借りを作ることができず、何かをもらうと何倍ものお返しをする。「自分自身のため」とか「具体的な尽力を伴わずに、ただ純粋に他人のためにある」といった在り方、つまりは役割を離れた自分や他人というものが、メランコリー親和型の人には考えられないのである。

さて、うつ病に関連した三種類の人格類型を説明してきたが、「病前人格」という概念が、これらの三者間で同一の意味に考えられているわけではない。木村敏が説得的に論じていることだが、クレッチマーにおける「性格」とは、環境からの外因的な刺激に対する個体の側の「反応の可能性の総体あるいは反応準備状態」のことであって、言い換えると純生物学的な「刺激・反応図式」における反応パターンの性質なのである。彼の言う性格とは、本質的には生物学的な概念であって、状況の概念をも内に含むような人間学的概念にはなっていない（『自己・あいだ・時間』弘文堂、一四頁）。

それに比べて下田の執着気質は、病前性格と発病機序との関係を見事にとらえている、と木村は言う。「或る期間の過労事情（誘因）によって、睡眠障害や疲労性の昂進《こうしん》をはじめ、各種の神経衰弱症候を発する。これは生物学的には自己保存のための疾病逃避反応であって、正常人ではこの際、情緒興奮性の減退や活動性の消失が起こっておのずから休養状態に入るのであるが、執着性格者にあってはその標識たる感情興奮性の異常により、休養生活に入ることが妨げられ、疲憊《ひはい》に抵抗して活動を続け、従ってますます過労に陥る。この疲憊の頂点において、多くはかなり突然に、発揚症候群または抑うつ症候群を発する」という下田の記述が、それである。しかし、下田においても、躁うつ病の発病を促す多種多様な状況は、すべて「或る期間の過労事情」という抽象的な一言に要約されてしまっている。実際の症例にあたってみると、執着性格者は自分の習慣の範囲内にある手慣れた多忙さに対しては驚くべき回復力を示すものだし、彼らに過労をもたらす心労はごく些細な出来事であったりするのだから、「或る期間の過労事情」というような一般的な要因がうつ病の誘因になるわけではない。彼らは非特異的な過労に反応しているのではなくて、特殊な環境要因ないし特異的な病前状況に対して特殊な抵抗力の弱さを示しているのであって、そこに患者の人格そのものの反映を見なければならないのである(同書、一八頁)。

テレンバッハの「エンドン」論

病前性格と発病状況を切り離して別々に考えたうえで、次に両者の間を生物学的な「刺激・反応図式」で結びつけるという二元論的な発想から脱却した病因論になっているのがテレンバッハの「エンドン」論である。躁うつ病の研究が進むにつれて、この「内因性」疾患が、環境からの影響によって「心因性」に発病する場合の少なくないことが、臨床上の事実として次第に明らかになってきた。そこで「心」と「身体」の区別を超えた一つの作用主体のようなものを、理論的にも想定せざるを得なくなる。そのような心身超越的な作用主体として考えられたものが、「エンドン」に他ならない。

テレンバッハによれば、エンドンとは「内なるもの」あるいは「根源」の意味であり、心身の区別がそこから生じてくる源のことである。いわゆる「内因性(エンドゲーン)」の病気というのは、心が主導権をもつ「心因性」疾患とも、身体が主導権をもつ「外因性」疾患とも違って、このエンドン自身が危機に曝されて生じるものであり、患者が呈する種々の症状はエンドン自身の危機が心身両面に表現されたものとみなされる。

エンドンが一定の秩序から逸脱しやすい傾向は、遺伝的に継承され得るであろうけれども、それは遺伝的素質のように宿命的・固定的なものではなくて、人間の成熟と深く関係した可逆的・流動的な変化である。内因性精神病の発病に際してエンドンは一挙に急激な変動を示すが、この変動は個体の内部で自生的に生じるのではなくて、いつも彼をとりまく世界を含んだ状況布置の特殊な事情によって引き起こされる。特別な形の几帳面さを仕事や対人関係に持ち込む「メランコリー親和型」の人が、たとえば風邪で数日間寝込んだことがきっかけになって仕事量の増大と質の維持を両立させられなくなったり、転居や昇進や家族構成の変化などのために馴れ親しんだ生活秩序と人間関係を変えざるを得なくなったりしたときに、誰にとっても時には起こり得るこの種の状況布置の変化が、彼らにはもはや「取り返しのつかない、あとの祭り」として強烈に意識されることになるのである。

このようにうつ病の発病状況は、全面的に外部から与えられるものではなくて、患者自身がみずから作り出すという側面をもっている。「メランコリー親和型」は、性格論的な類型というよりもむしろ、一つの状況類型と考えられる。テレンバッハのいう状況とは、人間と世界とが一体となって構成している各時点での情勢の横断面のことであり、換言すればその人の生活のことである。ここでは性格がそのまま状況であり、状況がそのまま性格なのであって、性格と状況の二元論は、心と身体、個体と環境、内界と外界の二元論とともに、乗り越えられてしまっている(同書、二三頁)。

八〇年代以降の日本では「メランコリー親和型」が著しく減少し、それに代わって「逃避・無力型」の人格をもつ人がうつ病に陥るケースが増えてきた。これは、仕事面における勤勉さや秩序、対人関係面における他者への配慮性や仲介者をつとめる能力などが、社会的な価値を減じてきた時代的変化を反映しているように思われる。

ガンや心臓病との関連でみた人格

ところで、人格と関連をもつ病気は、精神的な病気ばかりとは限らない。身体病も、それに罹《かか》る者の人格やライフスタイルと大いに関係があるという認識は、今日ではほぼ常識化している。胃潰瘍・慢性膵炎《すいえん》・気管支喘息・高血圧・狭心症・関節リウマチ・アトピー性皮膚炎・円形脱毛症などは古くから「心身症」と呼ばれて、「その発症や経過に心理社会的な因子が密接に関与する」と言われてきたが、現代では免疫学や分子遺伝学の発展に促されて、ガンや自己免疫性疾患でも人格との関連が話題になっている。話をわかりやすくするために、ここでも簡単な自験例を挙げておこう。いずれも、総合病院に入院した身体疾患患者にごく日常的に見られる現象である。

〈症例　X〉

Xは五六歳の男性で、中小企業の社長である。心筋梗塞を起こして二日前にＣＣＵ（救命病棟）に入院してきたが、安静を指示されてもじっとしておらず、「あの仕事はどうなった」「会社へ行く」「そこのカバンの中から書類を取ってくれ」などと言ってきかない。そのうち、病棟を会社と間違えたり、天井を猫が這っているなどと言いはじめて、妻の顔もわからなくなった。

〈症例　Y〉

Yは六二歳の主婦である。この三年間、痛みも不平も訴えずガンの治療に協力的だった「優等生」患者が、不眠と尿失禁の後で突然、自分から何もやろうとせず、幼児言葉をしゃべるようになった。ガンの脳転移を疑って検査しようとしたが、バタバタ暴れて十分に検査できない。

さて、この二症例の精神的な失調を人格的要素に関連づけて考えてみると、症例XはタイプＡ行動パターン患者のＣＣＵせん妄、症例YはタイプＣ性格患者の退行反応に該当すると考えられる。

症例Xに生じた心筋梗塞や狭心症は、虚血《きょけつ》性心疾患と呼ばれて、心臓を養っている動脈(冠動脈という)が動脈硬化などによって詰まった結果生じるものである。一九五九年にフリードマンは、彼が「タイプA行動パターン」と呼ぶ特徴的な性格と行動パターンが虚血性心疾患の患者に高頻度に認められることを報告した。すなわち、その性格は野心的・衝動的・攻撃的・徹底的で、競争心や功名心が旺盛であり、頑張りを身上とし、達成への過剰な欲求を抱えて慢性的なストレス状況下に生活しているような人々のことである。行動は精力的で、短気かつせっかちであり、待つことができず、静止を嫌って自己流を押し通そうとする。このような人では、虚血性の心臓疾患の発生率がノンビリしたタイプの人の三倍とも七倍に達するとも報告されている。タイプA行動パターンの人が虚血性の心臓疾患を起こしやすい理由は、病態生理学的には次のように説明できる。ヒトの身体は、ストレスに遭うと交感神経優位の状態になって、ノルアドレナリンの分泌量が上昇する。これが血中の脂質を増大させ、血小板凝集能を高めて動脈の粥状硬化を促す結果、冠動脈が詰まりやすくなる、というわけである。

ＣＣＵとは、心臓血管系の重症患者を収容する救命救急病棟のことで、突然の入院によって日常的な人間的刺激が奪われる(感覚遮断)一方、身体の各部にさまざまな管やモニターを取り付けられ、光や器械音といった人工的な刺激が充満する環境に置かれることから、昼夜のリズムを喪失(睡眠遮断)したり、孤独の中で死の恐怖を味わったりしやすい。その際、せん妄と呼ばれる精神状態、つまり軽い意識混濁を背景に幻覚や不安が生じて落ち着かなくなり、四肢をやたらと動かす状態が生じてくる。これは十分な睡眠や安心感が得られれば回復に向かうことが多い。ジッと静止しているように他人から命じられることは、タイプA行動パターンの人にとっては普通の人よりも格段に大きなストレス状況と考えられるから、彼らはそれだけ心因反応性のCCUせん妄を起こしやすいわけである。

症例YのタイプC性格とは、自分の気持ちを押し殺して他の人を思いやる、と言えば聞こえは良いが、不快な感情の表出を過度に抑制して常に不満を言わずに我慢することで他人からの評価を得ようとする性格のことである。ガン患者にはそのような性格の人が有意に多いことが疫学調査からわかったため、cancer(ガン)の頭文字をとってタイプC性格と呼ばれるようになった。タイプC性格とガンの発生を結びつけるメカニズムに関してはまだ十分にわかっていないが、幸福感や満足感に乏しい心の持ち方が免疫力を低下させる結果、ガンに罹りやすいし、罹った場合の経過がよくない、といったことが推測されている。

胃潰瘍における「争い」地点の移動

ある病気を発生しやすい人格タイプをいくら特定してみても、もちろんそのような人格特徴をもった人がすべてその病気に罹るわけではない。病気の成立に照らしてみるとき、人格はそれ以外の要因、つまり身体や環境といった要因と切り離せない関係にあることは明らかである。すなわち、ややもすると個体の属性に還元されがちな人格概念を、病気という現象の発生が、現実的な状況との連関のなかに連れ戻す、と言ってもよいだろう。

一方で人格は、ある病気が成立するための条件の一つを構成している。他方でさまざまな病気は、その人の人生における岐路(クリーゼ)に出現する不連続な突発事であり、その人の人生というドラマの展開に大きな影響を与えることによって、その人格の形成に関与する。このことを豊富な症例を挙げて実証しているのが、ドイツの神経生理学者であり心身医学の先駆者であったヴァイツゼッカーである。

たとえば胃潰瘍患者の人格的特徴については、昔から著名な内科医たちが関心を向けてきた。ヴァイツゼッカーの記述によると、「一部の内科医は、そういった患者には口のまわりに不機嫌な陰を浮かべている人が少なくないこと、彼らがいろいろと不満をもっていて、怒りっぽかったり気むずかしかったりすることなどに気づいていた」「心というものを持ち出したがらなかった時代には、心が落ち着かないことを客観的に表現するために「神経質」という公式的な表現が好まれていた」ことから、ロイベの神経性消化不良(一八七九)、エーヴァルトの胃神経衰弱(一八八八)、シュトリュンペルの心因性消化不良(一九〇二)といった概念が次々に提唱され、その果てにベルクマンが神経因性潰瘍学説(一九一三)を完成させたのである。しかし、これらの学説間の違いは、その病理学が形態(解剖学)と機能のいずれに重きを置くかとか、原発部位を胃・血管・神経系のいずれに想定するかといったことにすぎず、すべては物質的な定義であって、心理学的理解が何一つ進んだわけではなかった(『病いと人』新曜社、二六五頁)。

この潰瘍学説の歴史を通じてむしろ注目に値するのは、研究者たちの視線が、(1)心因性や器官神経症的といわれる病像、(2)機能に関すると目される病像、(3)解剖学的な形態の破壊病像のいずれに置かれた場合でも、それらすべての種類の病像(イメージ)に「争い」という性質が常に変わらず存在していたことである。胃潰瘍で生じている事態には、諸々の感情や意向の間の確執、複数の神経系の支配間における拮抗、いくつかの機能の間の闘争といった「争い」のイメージが、身体的な事象に着眼するにせよ心的な事象に着眼するにせよ、常に変わらず標識となっている、とヴァイツゼッカーは主張する。さまざまな学説を通して一次的なのは、複数の要素間の「競合」という形式なのであって、各学説に述べられた具体的な内容は二次的な意味しかもっていないようにさえ見える。

この「争い」は、心的側面から身体的側面へ、また身体的側面から心的側面へと移動可能である。そこで、個人の葛藤は、あるときは相いれない心的願望の間の内面的な葛藤として、別の場合には器官機能の間の外的な葛藤として表れてくる。胃潰瘍が、胃部への打撲や過剰刺激といった物理的要因によっても失恋や失職といった心理的要因によっても発生し得ること、病前人格が厳密な意味では特定・類型化できないこと、胃潰瘍という身体疾患とうつ病という精神疾患の両方に効く薬物(スルピリド)が存在することなどは、この「争い」の転位可能性から説明できるだろう。

ヴァイツゼッカーの心身相関論

風邪はウィルス感染によってひくものとされている。確かにウィルス感染なしに風邪をひくことはないであろう。しかし、重要な仕事に取り組んで気が張っている間などは風邪に罹りにくいし、逆に持続的な緊張から解放されて気が緩んだときや、投げ遣りな気持ちになって不摂生に身を任せた後などに風邪をひきやすいことは、誰もが経験しているところである。病気がいつ、どの部位に発生するかは、偶然ではない。ヴァイツゼッカーは、扁桃炎の患者を一〇例以上挙げて、身体疾患が生命の情念的な動きから、生活史のドラマとして発生してくるプロセスを説得的に解明している。彼の症例と議論を要約しておこう(『病因論研究』講談社学術文庫、一七—三八頁)。

〈症例 一〉

重症の扁桃炎で入院してきた女学生が、若い主治医に「なんて立派なやつをでかしたものだ」と言われたところ、彼女は「子供ができるよりましだわ」と答えた。あとでわかったことだが、彼女はその前日、恋人から迫られた性行為を拒絶していた。

〈症例 二〉

年配の鉄道員が、老母と暮らす年配の女性と結婚した。彼が遠方へ転勤することになったとき、妻の方は母親と別れて夫についてゆく決心がつかず、長いやりとりがあった後、結局夫の転勤先へ赴いた。妻が到着した当日に夫は重い扁桃炎に罹って合併症を来し、長い病床生活を送った後に勤務不能ということで退職した。そこで彼は、妻とともに妻の母親のところに戻り、今では一家全員で同じ所に集まって暮らしている。

〈症例　三〉

ある男性に一〇年間も求婚され続けながら決心がつかなかった若い女性が、とうとう婚約に同意した。扁桃炎を繰り返すので、結婚式の前に切除してもらう決心をして手術を受けたところ、外科医が動脈を傷つけたために、彼女は手術台の上で死んだ。

〈症例　四〉

卵巣摘出術を受けた三〇歳前後の未婚女性が、妹の結婚式に出席するために列車に乗り込もうとして足を踏み外した。足の傷は軽かったが、それに引き続いて脚にヒステリー性のマヒが生じて長い間ギプス固定で治療された。一年半後に精神分析を受けて、脚のマヒは治ったが、分析で明らかになったのは、彼女が妹の婚約者を愛していたということだった。彼女はその後、一人の男性を好きになった。彼とダンスをする機会が訪れた晩、「自分は子供を産めない女だ」という考えが頭に浮かんできた。彼ともっと親密になりたいという期待は、翌日扁桃炎に罹ったことによって、だめになってしまった。現在の彼女は安定を取り戻し、いつかは男性と結ばれようという考えをもたなくなっている。

〈症例　五〉

何回も自殺企図を繰り返している四〇代の重症のノイローゼ女性が、主治医に強い愛着を感じ、主治医から時間を得るための手段として自殺を仄めかすようになった。この術策を諦めさせようとする主治医との争いの最中に、彼女は重い扁桃炎に罹って熱発した。扁桃炎の間の彼女は、平静かつストイックで、まるで幸福そうに見えたが、そういうある日、「断念」という言葉が自然に彼女の気持ちに受け入れられて、今後一切自殺は諦めるという約束をした。その後何年にもわたって、多くの機能障害をともなう重症のノイローゼが続いたにもかかわらず、彼女はこの約束を守り抜いた。膀胱炎《ぼうこう》からの敗血症で死亡する前の二カ月間、ノイローゼの病像は消えて、彼女はまるで健康そうになり、医者との神経症的な結合は自由で友好的な関係に変わった。

〈症例 六〉

小学校へ上がったばかりの六歳の男児が、扁桃腺の腫張を起こして来院した。彼は第三子で、それまで兄や姉と張り合うために空想的なウソや自慢話をすぐに作り出すことで、家族から「ほらふき」とからかわれ、心を傷つけられていた。小銭をごまかしたり、父親の誕生日プレゼントを用意し忘れて大騒ぎしたうえに、母親から譲ってもらったプレゼント用品を売り払ってお菓子を買う、といった行いも認められた。小学校でも当初は同じようだったが、じきに扁桃炎のために学校を数日間休んだときを境に、空想癖もウソも盗みも消えてしまった。夢見るような子どもの顔つきが、男っぽい顔立ちに変わった。「ペットとしていじめられるチビ」の役柄から身を引いて、腕白で元気な子になった。その後、喉の痛みや声の嗄れは高校入学時に一度、発作的な盗癖も一回認められただけであった。

さて、これらの病歴を一覧すると、扁桃炎がどのような状況で発生し、その人の人生でいかなる役割を果たしているのかに関して、ある共通性が認められるであろう。形式面でのこの共通性を、ヴァイツゼッカーは以下のように要約している。「ある状況が与えられる。ある気持ちが生じてくる。緊張が高まる。転機が先鋭化する。病気がその結果として入り込み、それとともに、その後で、決着がついている。新しい状況が作り出されて安定が訪れる。得たものと失ったものが見渡せるようになる。この全体はまるで一つの歴史のまとまりのように、事態の急転回と転機的な中断と根本的な変換を含んでいる」(同書、二六頁)。

一方、このドラマの内容面は、ほとんどの症例で愛情関係・結婚・妊娠といった性愛的なテーマによって占められている。しかし、このことは、扁桃炎という身体症状が「性の抑圧」を心因として発生したことを意味するものではない。性愛的な関係が何らかの事情で「痛手を受ける」という形で挫折し、本来の場所での発現が妨げられたときに、それは性愛と関わりのない場所へ移動する、ということなのである。

個人の人格を含んだ親族全体の危機的な状況が身体病の発生を促して、本人が痴呆化することにより結果的に家庭の再編成に至った自験例を次に挙げておこう。

〈症例　Z〉

Zは五五歳の男性で、X年一〇月にA市からB市へ転勤となり、初出勤の当日に気持ちが悪くなって早退した。その後も食欲不振・めまい・複視などが続いて次第に起き上がれなくなり、「うつ病」と診断されて一〇月末に内科の病院に入院した。入院後も起床しないばかりか、家族と視線を合わさず口もきかず、家族が何か言うと手で耳を押さえてしまうため、妻の判断で郷里であるC市の病院の脳外科へ転院した。

初診時、医師の質問にはきちんと答えて、記憶も正確であったが、家族が質問すると答えようとせず、視線をそらしてしまう。妻の話によると、患者夫婦はともに養子だが、この一七年間C市に養父母を残したまま転勤を重ねてきた。八八歳の養母はボケて失禁するので施設へ入れたいのだが、八五歳の養父が承服しないため、患者は二年前から妻に内緒で月々三〇万円を支払って家政婦を雇っていた。その負担に「もう耐えきれない」旨を養父に伝えたところ、養父は「家を売却して家政婦の代金を作る」と言い出した。これには患者の同胞たちが猛反対し、何とか養父に「夫婦で老人ホームへ入るように」と説得する役割を患者に押しつけてきた。内科病院に入院する前日、兄弟たちがやってきて「うつ病」で寝ていた患者を起こしてC市へ連れて行き、養父に向かって「老人ホームへ入るか、それとも親子の縁を切るか」と言わせたのである。患者はその翌日、初出勤の職場で倒れて入院になった。妻によると、患者は「小心でノンビリ屋で、諦めの良すぎる性格」だという。

入院後すぐに会話が可能となり、一〇日後には「うつ状態」でもなくなった。その時点で歩行時に右に傾く症状とメマイが残ったので脳血管撮影をしたところ、左椎骨《ついこつ》動脈の閉塞が認められたため、左後頭動脈－上小脳動脈吻合術を受けた。リハビリ訓練を経て翌年一月半ばに退院した。元気だったので四月二三日から復職したが、五月下旬から疲労を訴え、五月二五日の夕食後嘔吐し、翌朝「耳が聞こえない」と言ったきり再び緘黙《かんもく》状態となったので、以前の脳外科に再入院した。

今回はさらに翌年の二月に老人病院へ転院するまで、自発語はついに戻らず、右上下肢の不全マヒのために起立不能のままであった。簡単な指示には従い、尿意を知らせ、周囲の人物は認知できたが、情動失禁が激しかった。稀に「おはよう」「起こして」といった単語を反射的に発したり、音楽を聴いていて一緒に口ずさんだりしたので、当初は一般の脳血管性痴呆の病像とはやや異なった印象があった。しかし、数年後には一般の痴呆患者と区別のつかない状態になっている。

この症例のように、脳梗塞の発作や脳器質性の痴呆でも、それがいつ、どんな状況で発症するかは「心因」や「ストレス」と密接に関連していることがある。身体的な病気は、それまでのその人の生活の秩序が重大な転機にさしかかって緊張が高まった時期に、その緊張を解消するような形で、身体的な機能の変化として発生する。ヴァイツゼッカーに従えば、「病気が入り込むことで事態が急転回し、当初の危機が中断して新たな秩序が作り出され、再び安定が訪れる」のである。身体疾患の発病はそのような人生ないし生活史上のドラマとしてとらえられることが少なくない。脳の問題・身体的合併症の問題・人格形成の問題・家庭内環境の問題などをすべて相互の関連の中に置くこのような考え方は、実際の臨床において柔軟で大きな力を発揮し得る。

ビンスヴァンガーの内的生活史

ビンスヴァンガーは、生命機能や通常の意味での生活史(彼はそれを外的生活史と呼ぶ)から区別された「内的生活史」のうちに個人の人格を見てとろうとする。生命機能と内的生活史との分割点は、今日一般に考えられているように心と身体の間にあるのではなくて、「心身両面を含んだ生体の機能様式」と「個人的な人格を原点とした体験内容の継起ないし精神的意味連関」との間にある。彼は「心因性」の病態と「ヒステリー性」の病態とを区別し、前者に生命機能の障害をみるのに対して、後者に内的生活史の問題を見た。心因反応性の病態は、心的な筋道によって引き起こされるにしても脳の機能的な変化を伴っており、生体の機能障害から生物学的に説明することができる。それに対してヒステリーは、個人の内的生活史から心理学的に了解されるべきものであるというのである。

外的生活史とは、たとえば自分の病気・家族の死・財産の喪失・失業といった人生上の出来事自体によって織り成される「生における位置の歴史」であって、それらの出来事は、内的生活史にとっては全く偶発的な自然事象にすぎない。他方、内的生活史とは、それらの出来事に対して本人がいかなる態度をとってきたかという「生に対する態度の歴史」を意味している。「あることを体験すること」は、科学によって説明し得ない原現象であって、個人の人格はそのような体験内容の一回的・歴史的な継起から成立してくる、というのである。このような観点に立つならば、人格の「障害」は、生命機能の障害や外的生活史の問題ではなくて、内的生活史の領域に求められねばならないことが明らかである。

人間学的な「病気」観

木村はヴァイツゼッカーの「病気」概念について、次のように解説している（『心の病理を考える』岩波新書、一五九―一六〇頁）。ヴァイツゼッカーによれば、精神的な病気にせよ身体的な病気にせよ、病気というものは私たちの身体ないし有機体が生命的環境との相即関係の危機に直面して、通常の機能水準でそれに対応することができなかったとき、その機能を「病的」と呼ばれる水準にまで変換することによって、応急的に自己の主体性を維持しようと試みている状態と見ることができる。精神病や神経症や心身症、それにガンや自己免疫疾患といった身体そのものの側の内部事情から生じてくるような病気は、ヴァイツゼッカーによればすべて、患者の人生の歴史の中でなんらかの意味をもっている。この「意味」は、科学が到達し得る射程外の、徹底的に個別的・主観的な性格のものである。このような身体の歴史における意味としての病気では、精神症状や身体症状は、いずれも有機体と環境との相即関係の変換が心身両面に二次的に生じさせた、原理的に代替可能な派生的現象である。人間の手による病気の治療とは、ことによると、ある病気を相対的に有害度の低い「別の病気」に変換しようとする試みにすぎないのかもしれない、と木村は述べている。

健康／病気、個体／環境、精神／身体、人格の発展／病気の展開などの二項対立を払拭したこの「病気」観は、なかなか含蓄に富んでいる。このような考え方は決して古くさいものではなくて、現代の最先端の生物学的知見にもよく合致しているのである。

たとえば分子遺伝学の発達した今日では、病気の背景にある個体の遺伝的な変異の多様性を無視できない。同一の病名をもったガンでも、ガン細胞の中で実際に働いている遺伝子は個体ごとに違っているので、これからの身体科医は細胞の個性を読みとって一人一人に合わせた治療戦略を立てなければならない。個体差や環境との連動をほとんど考慮せずに樹立された従来の疾患概念先行的(disease-oriented)な考え方は次第に現実に合わなくなっており、今や個々の患者の実態に即した(patient-oriented)方向へと疾患単位を解体する時期に来ているのである。

ヒトの「種としての同一性」よりも個体の変異性や独自性への着眼を促しているのは、遺伝子の多型性や後生性(出生後の、環境による遺伝子の変化)ばかりではない。多田富雄が論じたように、免疫のシステムは「物質的にそのつど唯一無二のものではありながら継時的な同一性をもたず、環境との間で相互作用を起こしつつ変容・自己組織化してゆく動き」として個別的だし、脳神経回路の構造も幼児期の感覚や行動の経験記憶に応じて個体ごとに違ったパターンとして形成される。「身体の来歴」「脳の来歴」と「生活史的な来歴」とは密接に結びついているのである。

こうして、病気の概念は、身体的にも精神的にも、また生物学的にも生活史的にも、環境や人格や健康の概念から完全に分離できるものではないことがわかるだろう。それは、客観的には歴史的な変化を被るし、主観的には個人の受け取り方によって左右される余地がある。「健康」に関する雑誌の流行が健康な事態とは誰も思わないだろうし、病気の体験が「健康」時には気づかなかった貴重なものをその人の人生にもたらす、ということも大いにあり得ることなのだから、われわれは病気というものを、もっと人格や人生に結びつけて考えるべきなのである。

第四章
人格と善悪

ものごとの善悪を判断することは難しい。とくに今日のように変化が激しく価値観の多様化した社会にあっては、善悪は判断する人の立場や視点の転換によって容易に逆転し得るし、短期的に善であることが長期的には悪であるという場合も少なくない。環境問題を例にとれば、先進諸国にとっての善が途上国にとっての悪であったり、人類全体にとっては善と思われるようなことが他の生き物たちにとっては悪であったりする。このような事情は、当然のことながら個人の人間関係にもあてはまり、自分にとって善であることが、必ずしも他人にとっての善とはならない。普遍的な道徳性の原理が、功利主義や相対主義の原理を超えたところに存立し得るか否かが、ますます問題になってくるわけである。

科学的な立場を遵守したいと考える人は、できるだけ善悪の判断を回避しようと努めてきた。客観的・中立的・第三者的・観察者的・超越的などと呼ばれる立場がそれであって、精神医学の理論も表向きはその枠内で発展してきた。そのうえ、精神医学の臨床では、医師が患者の言動に悪の性質をみることを「医療者倫理として避けたい」という気分がある。そこで、精神科医の判断は価値中立的であらねばならず、患者の言葉や患者の在り方に対して善悪の判断を持ち込むことなどはこれまで論外とされてきたのである。

確かに、それで精神医療を全うすることができるものなら、他人の言動の中に敢えて「悪」をみるようなことは誰もしたくはないだろう。けれども、善悪の意識は人間の生にとって重要な背景ないしは前提となる価値観に関わるものだから、人生の失調形態であるさまざまな精神障害において尖鋭化した形をとって現れてくることが避けられない。精神科医の側がいくら棚上げにしたくても、患者の側が、たとえばうつ病患者の罪業妄想、神経症患者の虚偽意識や洗浄強迫、妄想病患者における「善の世界」と「悪の世界」への二極化、境界例患者の自己イメージと他者イメージがおのおのの「善」と「悪」を担った部分対象へ分裂すること、心的外傷患者が自分あるいは養育者のいずれかを悪者視し糾弾してやまないこと、といった形で、善悪の問題を考察することをわれわれに突きつけてくるのである。

今日の精神科臨床で善悪の問題を象徴するキイワードと言えば、さしずめ「よい子」ではなかろうか。分裂病患者や摂食障害患者の子ども時代は、判で押したように「よい子」と言われ、うつ病患者は組織内で「よい人」と評価されるということが、近年の精神医学の定説であった。そこで今日の精神科医は、彼らのそのような在り方を、むしろ不健康で「よくない」こととみなさざるを得なくなっている。

また自他の行為の善悪に著しくこだわる青年患者が最近少なくないのだが、「善悪」に関する彼らの用語法あるいは判断基準が医師のそれとはかなりずれてきた印象がある。お互いにそれと気づかないまま、あるいは気づいても問題にしないで面接を進めていると、治療が進捗しないのはもちろんのこと、治療関係の外で善悪の混乱に関係した問題行動が発生してくる危険性もある。現実に存在する問題が否認ないし隠蔽されたところでは、問題が別の形をとって噴出してくるわけである。そこで本章では、人格の問題を敢えて善悪の意識との関連において探ってみたい。

ペックの症例ジョージ

近年この問題を豊富な症例を挙げて説得的に論じているのが、M・S・ペックである。彼は『平気でうそをつく人たち』(草思社、原題は *People of the Lie*) というベストセラーになった書物の中で、精神医学が善悪や道徳的判断を問題にする際につきまとってくるジレンマについてさまざまに言及しつつ、それでもなお「邪悪(evil)な人間」について探求し「悪の心理学」を作り上げることの必要性を熱く語っている。この本の第一章で提示されている「悪魔と取引した」強迫神経症患者ジョージは、ペックの主張の根拠がよくうかがわれる印象的な事例なので、以下に少し詳しく紹介しておこう。

三四歳のジョージは、プラスチック製品を車で売り歩く優秀な営業マンで、その生活は順風満帆であったが、夫婦旅行で観光名所の大聖堂を訪れたとき、入り口にあった寄進箱がなぜか気になった。彼はもともと教会に反感を抱くタイプの合理的な人間なので、寄付する気持ちなど毛頭なかったのだが、その一方で、それを怠ると自分の人生が損なわれるという不安をおぼえ、またそうした不安を感じる自分を恥ずかしいとも思った。迷った末に小銭を寄進箱の中に投げ入れた瞬間、「お前は五五歳で死ぬ」という言葉が、あたかも不意打ちの一撃のように彼を襲った。彼は混乱して財布を取り出し、持ちあわせの現金紙幣を箱の中に押し込んでその場を立ち去ったが、それ以後セールスで車を走らせている最中にしばしば、「お前は五五歳で死ぬ」「あの駅の建物がお前を巻き込んで崩れ落ちる」「この橋を渡るのもこれが最後だぞ」などという言葉あるいは考えが突然彼を襲うようになった。

その橋を渡らなければ、馬鹿馬鹿しいことに大変な遠回りをするか、顧客の何軒かを失わなくてはならない。彼はさんざん考えた末に「もう一度あの橋を渡って、それで自分が死ななければ、自分を襲った考えがウソだったと証明できる」という結論に達し、決死の覚悟でその橋を渡る。この「自分の命をかけた」実験の成功で、しばらくは強迫観念が消えて、彼はいい気分であったが、二カ月後には再び運転中に「道路脇のこの穴に、お前の車は飛び込む」という考えが生まれて、彼は不安から仕事もできなくなる。彼はとうとうその苦しみを泣きながら妻に訴えたために、ペックのもとに紹介されてきたのだった。

ペックは初診の段階で、典型的な強迫神経症であることをジョージに説明し、自分のもとで精神分析療法を受けるように勧めた。しかし、二度目に来院したときの彼は自信と落ち着きにあふれていて、「精神分析どころか、もう受診の必要もない」と言い残して帰っていった。もちろん、その後「あのカーブを曲がったとき、お前は人をひき殺した」という新たな強迫観念に脅かされて「その現場に戻らなくてはならない」という強迫行動を生じて、再び来院するまでに時間はかからなかった。こうしてジョージの治療が始まった。治療者にはすぐに、彼が家庭内で妻子に完全に疎んじられていることや子ども時代の父母との関係の悲惨さといった問題が見えてきたが、患者の方は「過去の苦々しい事実を思い出すことに意味があるとは思えない」と主張し、症状に固執してその消去を求めるばかりである。

そのうちに彼は、強迫観念や強迫衝動に襲われたときにはペックにそのつど電話して、「現場に戻るべきか、戻るのをやめるべきか」といった具体的な行動の指示を仰ぐようになった。そのたびにペックが「誰もあなた自身に代わって決められない」と説得すると、患者は「もうそんなことはするな、と先生が言ってくれさえすれば、しなくなるのはわかっているのに」「先生は冷たい。どうして助けてくれないのか」と泣きだすことが続いて、ペックの方でもこの患者への分析的治療の適用に自信を失いかけてきた。

こういった経過で約四カ月が過ぎたある日、ジョージは陽気に口笛を吹きながら診療室に現れて、

「もう現場に戻りたい気持ちは起こらない。私はとうとう自分の病気をやっつけたんです」と嬉々として報告し、治った理由を自分から話しはじめた。「先生が助けてくれなかったから、自分でなんとかしなければと思って、馬鹿げたことだけど、悪魔と協定を結んだのです。実際に悪魔の存在なんか私が信じているわけではありませんが、もし私が自分の衝動に負けて現場に戻ったら、私のその考えが現実になるように悪魔が取り計らう、という契約です。悪魔とのこの協定によって、現場へ戻ったら自分が死ぬのだから、戻るはずがありません」というわけである。

ペックがこれにどう返事したらよいかわからず沈黙していると、ジョージはためらいがちに、「悪魔との契約は、実はもう一つあるんです。もし私が衝動に負けて現場に戻ったら、悪魔が息子を殺してもいいということにしたんです。それで、少し気がとがめている」と付け加えた。診療時間は終わったが、そのときペックは患者を引き止めて「あなたは確かに道徳的に悪いことをしたのだから、自分で気がとがめるのはいいことだ。あなたは罪の意識を感じるべきである」と、審判を下すように告げたのである。

「自分は心の中で思っただけで、実際には何も悪いことをしていないではないか」「患者を罪の意識から救ってくれるのが、精神療法ではないのか」といった患者の抗弁を退けて、ペックはかなり直接的に「あなたは苦しい現実に直面すると、いつも安楽な逃げ道を求めて自分の魂でも息子の生命でも売ってしまう卑怯者であり、その弱さが強迫衝動や結婚生活の不遇の原因なのだ」と断罪し、

「苦しみを抱えた、以前のあなたに逆戻りすることで、呼び出した悪魔との契約を無効にする」ようにと提案する。

この面接が治療の転換点となって、ジョージは以前よりも深く考えるようになり、強迫症状は次第に弱まって、二年後には完全に消失し、治療は終了となったのであった。

「邪悪性の心理学」の提起

さて、ペックはこの事例をきっかけに「邪悪性」の概念を心理学や精神医学に取り込むことの必要性を痛感するようになった。以下にペックの主張を簡単にまとめておくことにする。

「邪悪」という名称は、「邪悪な人」あるいは「人格特性としての邪悪性」を表現するために、精神医学用語として明確に取り入れられるべきである、と彼は主張する。それはこれまで精神医学の研究対象外とされてきたものだが、名称がないことには、そうした症例を扱う方法やその犠牲となっている人たちを救う方法を開発することができない。しかしペックは、単純に悪を否定しているわけではない。自由意志があるところには必ず悪をなす可能性が存在する。悪は、人間に特有の「選択の自由」に対して支払うべき代価でもある(この意味で、動物に悪はない)。だから、否定されるべきなのは悪一般ではない、とペックは言う。彼がここで問題にするのは、精神医学的な悪に限られており、それは道徳的な悪や倫理的な悪とは一応区別されている(同書、一〇三、一一一、一六八頁)。

ジョージはぎりぎりのところで「邪悪な人間」になることを免れたが、第二章以下には「邪悪な人間」となってしまった人々がふんだんに登場する。長男が自殺に使用した拳銃をクリスマスプレゼントとして次男に贈った夫婦。息子が社会活動を通じて学校から得た褒賞を「部屋を掃除しなかった」ことを理由に受け取らせず、ちょっとした非行が生じると親の責任にされることを恐れて息子を不治の精神病として扱おうとする政府関係の法律顧問夫婦。娘を自分の愚痴の聞き役として手放さず、娘が自分以外の人間に向ける関心を術策のかぎりを尽くして妨害する母親、などなど。

ところで、ペックが言うには、他人を道徳的に邪悪であると批判することは、邪悪な人間の特性の一つでもある。とすれば、「悪の心理学」を展開しようとするペック自身の試みもまた、邪悪な行為となる危険がないだろうか。その危険は、「悪の心理学」を発展させなかったときの危険よりは小さい、と彼は主張する。他人に対する道徳的判断は危険なものだが、道徳的判断を完全に控えることは不可能であり、またそうすること自体が悪なのだ。われわれがきちんとした人生を送るためには、道徳的な含みをもった判断を日々下しつつ生きてゆかなくてはならない。だから、他人を道徳的に判断することは、幾つかの前提条件のもとで必要でさえある。前提条件の一つは、その前に自己浄化が必要なことで、もう一つは判断の際にその目的を忘れないことである。善悪の問題は科学者や権威筋の意見に追随するのではなく、誰もが自分自身の判断を下し得る程度には科学者となるべきである。もはや科学は価値観や悪の問題から完全に独立できない時代になっているのだから、と彼は言う（同書、五二、三二一頁以下）。

健全な人間が邪悪な人間との関係の中で経験する感情が、嫌悪感と混乱である、とペックは言う。嫌悪感は、おぞましいものを避け、そこから逃げ出したいという気持ちを即時に起こさせる強力な感情である。これらの（逆転移）感情は邪悪なものに相対したときにのみ生じる独特の感情で、早期警戒レーダーシステムのようなものである。邪悪な患者の治療を試みる療法家は、自分自身の魂が損なわれ汚染される危険性が高い。だから、若い治療者や精神力の弱い療法家がこれにあたるべきではない。治療者は自らが犠牲となって患者の悪を「吸収」しなければならず、悪の治療は個人の愛によってのみ達成できる。善良な治療者が自らの意志で他人の邪悪性に刺され、ある意味で殺されてもなお生き続けることにより世界の力のバランスにわずかばかりの変化が生じるのである、というのが彼の主張である（同書、九〇、三二一頁）。

キリスト教道徳の普遍性と相対性

参照した文章の最終部分になると、ペックの主張にキリスト教文化圏の道徳観が色濃くまとわりついている感じを否めない。そこには「心的外傷の研究は悪の力との対決である」と宣言する、女性精神科医にしてフェミニズム運動家であるハーマンの主張にも通じるものがある。ペック自身も、自分の治療観が「キリスト教的なものの考え方」にもとづいていることを認めるばかりか、「キリスト教へ全面的かつ完全に帰依したいという願望が、私の人生で最も重要なことである」と明言することで、自分の見解の限界や相対性を十分に意識している。

実際、異質の文化圏からの移住者が少なくない今日のボーダレス社会では、道徳の判断に関しても「文化間摩擦」が避けられない。たとえば、アラブ・イスラム教文化圏から労働者としてドイツへ移住してきたイラク人が、神経症状態から、クリスマスの晩に最愛の娘の心臓に五本の針を突き刺し、「聖なる供物」として教区民の居並ぶ中を祭壇の牧師のもとへ運ぶ、という事件を起こした。ブランケンブルクは、これをヨーロッパ・キリスト教文化圏の道徳観によって「きわめて残忍な子殺し」として裁いてよいのだろうか、と疑問を発している。贖罪《しょくざい》のため、ないしは差し迫った災いを回避するために、自分の子どもの命のような最も貴重なものを神に差し出すという行為は、ユダヤ人の祖アブラハムが神の命令に応じてその子イサクを供犠に捧げようとした伝説にも見るごとく、元型的な普遍性をもっている。ブランケンブルクはさらに、テレビ番組でホロコーストを見た直後に自分をアブラハムと同一化し、ナチスの犯罪に対する贖罪の意識から二歳の息子を殺したドイツ人知識人の症例を挙げて、民族精神医学の立場から問題の難しさを語っている。

このような観点を考えあわせるなら、ペックの症例ジョージが悪魔との契約に息子の命を差し出した行為を「道徳的に邪悪」と非難するばかりでは一方的にすぎるであろう。これに対するペックの、反論を寄せつけないような過敏な反応の方に、むしろキリスト教的な善悪観の問題点が隠されている可能性もある。ジョージの強迫症状が快方に向かったのは、ペックが邪悪性の糾弾という点で頑として譲らなかったことによるのではなくて、ペックに怒られたことでジョージが「許された」という意識をもてたためなのかもしれない。

しかし、キリスト教徒であろうとなかろうと、近代人にはなんらかの道徳的な視点が、すでに自分では意識できないほど身についてしまっていることは確かである。その内容はその人が所属している文化ごとに異なってはいても、ともかく道徳的な善悪というものがある、という認識だけはあらゆる社会の人間に共有されているのではないだろうか。それなしには社会が成立しがたいという点で、それは道徳というよりも、倫理とみなすべきかもしれない。

善悪、優劣、好悪

「善悪」に関する議論は、得てして窮屈な二者択一に陥りやすく、深まりのある考察に発展しにくい。そこで、「善悪」概念の裾野を言語的・歴史的に広げて、good-bad(よし/あし)の対概念にまで遡って考えてみよう。われわれが今日 good-bad の対語を用いるとき、そこには(a)善悪のほかに、(b)優劣、(c)好悪(快/不快)という意味合いが含まれていると考えられる。これら三つの good

を漢字で書き分けると、(a)善い、(b)良い、(c)好い、という表記になるだろう。これをカントの古典的な三つの主著の区分に対応させるなら、それらはおのおの、(a)実践理性による道徳的な判断、(b)悟性による知的・認識的な判断、(c)判断力による趣味判断、に相当するものと考えられる。人間は誰もが、三つのレベルすべてに身を置かざるを得ず、これらを截然《せつぜん》と分離することはできない。つまり、(a)道徳的「善悪」は、一方で(b)「優劣」と、他方で(c)「快／不快」と境を接しているわけである。また、たとえば(a)のレベルでの bad が、(b)や(c)のレベルでは good ということがあり得るし、自己意識の領域では(b)を重んじつつ対人関係や社会的領域では(a)を優先させる、といった個人差が普通に存在することになる。

ニーチェが『道徳の系譜』において、ユダヤ・キリスト教の出現以来 gut という言葉の意味が(b)から(a)へと変化したこと、つまり元来は schlecht (質が悪い、劣った) の反意語であった gut (良質、優良の) が böse (悪質、邪悪な) の反意語である gut (善良な) へと変質していったことを指摘したのは周知のことである。彼はこの過程を貴族的価値評価から僧侶的価値評価への価値転倒とみなして、ルサンチマンにもとづく「道徳上の奴隷一揆」と呼んだ。

日本語の「よし」「あし」にしても、古語辞典によると、元来は客観的な「優劣」を意味した言葉が、二次的に貴賤・美醜・好悪などの意味を派生したもののようで、とくに「善悪」の意味合いは、時代を遡るほど希薄になるという。

「快／不快」の意味での good-bad

「優劣」から「善悪」への変質を問題とするのに先立って、「好悪」や「快／不快」の意味での good-bad について少し考えておきたい。

生物学的な「快／不快」は、「善悪」や「優劣」の意味よりも古い基礎をもつものであろう。「快」を求め、不快を避ける」という行動原理は、言語や社会を形成する以前の、おそらくは動物も共有している「自然な」基準である。「快／不快」を主要な基準とする生き方は、目的意識や社会性を欠いた刹那的・衝動的な生などと揶揄《やゆ》されがちだが、これを非難する「理性的な」人にしたところで、冬の朝のすっきりした青空には心地よさを感じるし、食べ過ぎた後の満腹感には不快を感じるといったレベルの生活をも日々送っているはずである。

問題は「快／不快」が、単に生物学的自然の次元にとどまらず、対人関係の次元でも体験されるという点にある。しかし、対人場面での「快／不快」体験をそのまま人物の「好悪」評価に直結させて社会的な行動原理とすることは、以前なら大人げない振舞いとみなされ、歯止めがかけられていたように思う。「快／不快」のような身体感覚による「好悪」の決定がそのまま社会的な意味をもつようになったのは、ごく最近のことであろう。対人関係レベルで味わう「不快」を「快」へと変換する技術の習得が、かつては社会的にきわめて重要な、自我の発達の一段階とみなされていたのである。フロイトはそれを、一歳半の幼児の「いない－いた(Fort-Da)遊び」の中に象徴的に観察している。

一歳半の幼児が、糸巻きをベッドの下の見えない所へ放り投げては興味と満足の表情を浮かべて「オー(Fort＝いない)」と叫び、次に自分で糸の端を引っ張って糸巻きがベッドの下から現れると、喜んで「ダー(Da＝いた)」と叫ぶ行為を繰り返していた。フロイトの解釈によれば、ここで糸巻きの「消失と再出現」は母親の「不在と再会」を象徴的に置換したものであり、幼児はこの遊戯によって、これまでもっぱら受身的に与えられていた「母の不在」という「不快」な体験を、自分の発語と腕の筋肉運動という能動的な行為の反復によって自分の支配下に置くことの「快」へと転換しているのである。つまり、受動的立場にとどまることによってもたらされる不快な出来事を、自ら能動的に反復再現せしめる行為を通じて快の産出へと変更すること、ここに生物としての自己が自律性の獲得によって社会化されていくための第一歩がある、というわけである（「快感原則の彼岸」『フロイト著作集６』人文書院）。

外部から強いられた「不快」な体験を、能動的な行為を通じて自律的な「快い」体験へと転化しようとする技術は、成人後もさまざまな局面で活用される。対人恐怖症の患者が不安に抗い敢えて人中へ出てゆくことによって症状を軽減させたり、分裂病の患者がおそらくは病気によって強いられた奇異な行動を、「自分は演じているにすぎないのだ」と自分や他人に言い聞かせることで、あたかも自分で統御しうる随意的な行動であるかのようにみなすなどは、たとえ長続きしないにしても危機に瀕した自分自身を支える効果がある。逆に言えば、「快／不快」をひたすら受動的に体験し、それをそのまま「好悪」に転化するのでは、社会的存在としての自己を支えるのに不十分なのである。

善悪観の歴史的な変遷

good-bad の主要な社会的意味が、時代を下るにしたがって(b)優劣から(a)善悪、次いで(c)好悪の突出へと変遷してきたことは、洋の東西を問わず基本的な流れのように思われる。もちろん「善悪」という概念自体は古代からあったものだが、それが道徳的な「善悪」として人々の心に内面化されるようになったのは、比較的新しい現象であろう。一九世紀初めのヨーロッパでは、そもそも「モラル」という言葉自体が多義的であって、今日でいう「道徳的」の意味でよりも、むしろ純粋な心理学用語として使われていたらしい(本書、一七五頁以下)。道徳的な善悪を弁別する人間の能力は、当初は神の意志に、啓蒙主義時代には人間の理性に、一八世紀イギリスの「道徳感覚」(moral sense)学派の間では人間の感性に基礎づけられたが、ジャクソンは著書『メランコリアとうつ病——ヒポクラテスの時代から現代まで』の中で、「罪の意識」(guilt)という現象の発生を一六、一七世紀に、宗教改革と密接に関連してうつ病患者の中に出現してきたもの、とみなしている。

『哲学・思想事典』(岩波書店)で「善」と「悪」の項目をひいてみると、おおよそ次のような「善悪観の歴史」が述べられている。紀元前六世紀にペルシャで生まれたゾロアスター教やその流れを汲んで三世紀に成立したマニ教は、宇宙や人間を「光＝善神」と「闇＝悪神」との戦いの場とみなす善悪二元論をとっていて、そこでは「悪」は実体的な力と考えられていた。他方、プロティノスの一元論哲学では、「悪」は善の欠如・非存在・質料(形相の完全な実現を許さない質料の粗悪さ)とみなされている。古代ギリシャ・ローマの善悪は、「善」は有用・幸福・望ましいもの、「悪」は有害・不幸・忌避すべきものという、実用的な意味を強く帯びていた。日本の古代もまた、人間の生にとっての幸福や禍いによって善悪を判断する功利主義・幸福主義に傾いている。

しかし、ソクラテス(BC四七〇―三九九)が「不正をなすよりも、不正を被る方が善い」と述べて毒杯を仰いだとき、彼はギリシャの功利主義を「外的な善に関わる世上の功利主義」から「魂を益する、内的な善に関わる功利主義・幸福主義」へと転換したのである。この「内的な魂の善」は、プラトン(BC四二八―三四八)において不滅の「善のイデア」となり、アリストテレス(BC三八四―三二二)においては行為の終局目標・理性の最高の現実活動の実現とみなされる。

悪の問題は、ユダヤ教・キリスト教において顕在化する。旧約聖書における悪は、律法への違反・唯一神への不服従・原罪に対する連帯責任の放棄である。キリスト教(新約聖書)はユダヤ教のもつ過剰な律法主義を愛の概念で薄めつつ、神に対する罪の意識の内面化に成功した。キリスト教における悪は「人間の罪性の拒否」と考えられる。

キリスト教にとって、創造主たる至善の神を毀損することなしに、この世界に事実的に存在する悪の起源を説明することは難しい課題であった。アウグスティヌス(三五四—四三〇)は、(1)悪の非存在性——悪はそのもの自体としては独立に存在せず、存在を前提とし、その否定としてのみ存すること、(2)罪としての意志の反逆——善なるものとして作られた意志が、自分自身の秩序に離反することとしてのみ悪は存すること、(3)この意志の反逆も、つねに罰によって償われ、意志の回心をもたらすきっかけとなること、を述べて、悪もまた善なる神の摂理のうちに置かれていることを示し、悪の存在を説明した。

中世スコラ時代における悪の理解は、(1)自然的・物理的悪(存在の有限性)、(2)意志的存在者に見出される罪(意志の倒錯)、(3)それに対する罰、の三つに整理された。近世になって、ホッブス(一五八八—一六七九)やロック(一六三二—一七〇四)が、悪を宗教的・形而上学的にではなく、後天的・相対的なものとして経験的に捉えようとした。……

こうして叙述は、カントの道徳哲学へとつながってゆくわけである。中国では、人間の行為のうち「天」の意向に合致するものが善、天の拒否する行為が悪であった。善は「心の中から自然に湧き出る情動」とされ、基本的に悪を人間本来の属性としない傾向が強い。儒教に対立するものとして、「悪という概念の相対性を強調し、善悪にこだわること自体を無意味とする」老荘思想や、「人倫を否定する」仏教の潮流も存在する。

日本では、「善」は必ずしも一般的なものではなく、個人や場面に分節化したあり方をしていたが、次第に共同体の繁栄に結びつくものや公的な全体性に帰依することが「善」とみなされるようになった。善悪の関係は、日本思想では唯一・絶対の人格や原理のもとに固定されず、「悪」も立場を変えれば「善」に転化するという可能性を含んでいて、その存在自身が必ずしも否定されてはいない。「善」を原理化や形式化のできないものとし、善の規範化や理由づけに欺瞞をかぎつけ、むしろ自己正当化を放棄した素朴な魂や上位者への徹底した帰依の構えに「善」を認める考えがある(本居宣長)。善の根拠は、自己そのもののうちにではなくて、身近な他者との共感関係のうちにこそ見出される。荻生徂徠は、「仁」を単に心の中のみならず習慣化された制度のうちに認めて、「悪」とは、社会的な諸関係において「所を得ない」ことであるとした。

good-bad の社会史的な意味変化

いずれにしても、古代社会における人間の行動評価は、内面の動機の「善悪」など忖度されることなく、対人場面に表出された行動の「優劣」とそれに結びついた美的判断や実用的な用／不用の見地から下されていたものと思われる。「善悪」が「優劣」や実用的見地を駆逐して道徳を形成する自明な権威となりおおせたのは、おそらく近代以降のことであり、フロイトの「超自我」ないし「父親の取り入れ」という概念や、(息子たちの共謀によって殺された)父親に対する畏怖の共有にもとづく社会形成といった構想も、これに加担するものであっただろう。

そして、現在の日本社会における good-bad の主たる意味は、すでに「善悪」から「好悪」へと移行しつつあるように見える。もともとは生物学的な行動原理であった「快／不快」が、そのまま「好悪」として社会的・対人的な行動原理になってきたのである。再び「善悪」の内面化を推進することによってこの流れを押し戻そうとしても、それは今日では実効性をもち得ない努力ではないだろうか。

もちろん、good-bad の主要な意味が歴史的に変化するとは言っても、それまでの意味が完全に消滅してしまうことはあり得ない。それは、新たに台頭してきた意味に圧迫されて背景に退くであろうが、そこには必ず反発の動きも生じてくる。たとえば戦後民主主義の価値基準は、「善悪」の意味を突出させて、「優劣」レベルと「快／不快」レベルを相対的に軽視した。優良／劣悪の客観的な認識などは、それ自体が差別を作る道徳的な「悪」とみなされて、抑圧されてきたのである。近年の若者の露骨な「弱者(=劣等者)イジメ」や、慢性的な「むかつき」「うざったさ」から容易にキレて相手かまわず暴れまくるといった行動は、「優劣」と「快／不快」レベルの表出を長く抑圧してきたことから、その反動として発生した現象のようにも映る。

客観的「優劣」や主観的「快／不快」の軸を重んじることは、正直で欺瞞が少ない分だけ生物学的には健康であり、対人的・社会的な邪悪性を生み出す危険からも遠ざかるのだが、その表出には「善悪」の軸から強い歯止めがかけられている。一〇〇メートル走における優劣、つまり足の速さ・遅さは誰の目にも明らかであり、鈍足の筆者は、小・中学生のとき何回競っても足の速い同級生にかなわなかった。それは、言い訳や飾る余地のない「優劣」である。「快／不快」の軸から見るなら、速い者の走る姿は美しく、見ている者にも快感を与えるし、走者本人にとっては、実力を見せることがそのまま周囲と歓びを分かち合う稀有の機会であるに違いない。けれども、こういった優劣の一目瞭然の露見こそ、まさにいつの頃からか運動会に徒競走という種目がなくなってしまった理由なのである。学力テストの成績となると、人目から隠すこともできるし、優劣を曖昧化するような、そのつどの口実がまだしも使えそうであるが、その領域でさえ順位づけなどは避けられるようになった。文化の本質が言語による間接化と平等の実現であるとするなら、文化の進歩とともに可視的な優劣の曖昧化に磨きがかかることは必然かもしれない。しかし、「優劣」の軸や「快／不快」の軸の否認には一種の自己欺瞞に通じる不健康さがあり、前述したように、それは自己自身の内にとどまらず身近な他者にも波及して、邪悪性を生む温床ともなりかねないのである。

道徳的「善悪」に固執する若者たち

最近の若い患者には、自他の善悪に過剰にこだわる者が少なくない。「自分が他人から悪口を言われている」と訴える分裂病患者は昔からよくある存在であったが、今日では神経症レベルの青年でさえそのような関係妄想(周囲の些細な出来事を自分に関係づけて、多くは被害妄想的に解釈すること)を訴える。その際、訴えの重点が「自分は何も悪いことをしていないのに、何故こんな目にあうのか?」という方向へ移動している症例が多い。「周りの人々が僕を臭がって嫌な顔をする」と訴える自己臭恐怖症の青年が、わざわざ「僕は皆を臭いとは思わないのに」と付け加える。彼らはまるで、自分が無垢である限り自分には何ら災いは起こらないはず、とでも考えているかのようなのである。このような患者の「善悪」意識は、「優劣」を否認する形で「清濁」(無垢と汚れ)の意識から派生したもののように思われる。ある男子大学生の症例を通して、以下にこの問題を検討してみよう。

〈症例　K〉

症例Kは二二歳の男性で、中高一貫教育の受験校を卒業し、一浪して国立大学の工学部へ入学した。その年の五月には「サークルその他で、緊張して話もできない」という訴えで保健管理センターを訪れ、以後二年間、精神科医に週一回のカウンセリングを受けてきた。X年の四月、学部のあるS市へ移ると同時に筆者の病院を訪れた。紹介状には「現在の不安・緊張状態や大学生活での疎外感・不適応感を、父母の育て方や中学・高校時代のイジメ体験に関連づけて繰り返し問題にする」とあった。その後、卒業するまでの二年間、筆者の外来に通院し、卒業・就職と同時に私のもとを去って、現在は勤務地の精神科クリニックに通院している。

Kは初診時、次のようなことを述べた。教養部時代の主治医には「もう大丈夫ではないか」と言われたが、僕の方はまだ不安なので通院したい。その理由は、(1)しゃべる友達がほとんどいない、(2)自分の話を人にすごく聞いてもらいたいし、自分のしていることを誰かに逐一知っていてもらいたい、(3)なぜ自分がこういう性格になったのかを知りたい、の三点で、いま困っている具体的な問題は、「今年一月以降、こわくて学生食堂に入れなくなったことだ」と言う。彼の話から、次のような事情が明らかになった。

教養部一年のときに仲間になったA君が、やたらと人に物を借りに来たり、「レポートを見せろよ」とか頼ってきたりする。僕は基本的に自分が人に受け入れられない人間だと思っているから、一度断ったら縁を切られることを恐れてズルズルと付き合ってきた。二年生になってA君やB君にはC君という友達ができて、僕が仲間外れみたいになった。C君は友達がなくて、人をやたらと上目遣いに見る。いじけているように見えるので、僕はC君を好きになれなかった。それなのにA君は、僕とC君を何とか親しくさせようと根回しする。物を借りに来て、借りたらすぐに帰ってしまい、話をするでもないことにも腹が立った。

そういうことが積み重なって、一〇月末の深夜、僕の部屋にA君が無断で入ってきて勝手に何かをゴソゴソと探しはじめたとき、僕は大声で怒って追い出した。それ以後「俺はどうしてAの奴隷みたいになっているのだろう」とか「自分は人目をごまかすために(=友達がいるかのように周囲に見せびらかすために)、彼らと親しげに振舞っているのだ」と思い、「A、B、Cと離れて、一人になろう」と決心した。親しげに話しかけてくる彼らを避けて、昼食はアパートに帰って一人で食べるようにした。淋しさが強まったけれど、我慢している、という。どうやら、このことが「今年一月以降、こわくて学生食堂に入れなくなった」理由であるらしかった。

冬休み明けの教室で「心淋しさも手伝ってうっかり」A君の傍に座ってみたら、A君が「冬休みの宿題のレポートを見せてくれ」と言ってきた。「この人は何もわかってないんだな」と思い、断ったところ、昼食時に仲間外れにされた。「僕が変だと思うのは、B君やC君がA君の行動を真近に見ていながら、何も言わないことです」と付言する。

その後二年間にわたって、筆者はこの種の話を彼から繰り返し聴くことになった。彼の陳述には、自分や他人の日常の言動に関する「善悪」の評価が頻出していて、それがこの青年の中心問題になっていると思われた。昨今そのような青年は少なくないのであるが、以下に「善悪」の意識に対する彼の強いこだわりを表した発言をいくつかの領域ごとに列挙しておこう(なお、[ ]内は、その陳述が得られた年月日を表している)。

《I　自己の言動に関する善悪の判断》

(1)僕は「べき」に支配されている人間なので、「楽に生きる」ということに罪悪感を感じていたから、万事気楽に生きている彼に出会ってカルチャーショックを受けた。［X年六月六日］

(2)「不安時頓服」として薬を処方されると、服薬するときに罪悪感を覚えてしまう。［X年七月四日］

(3)山岳部の退部が、悪いことをしたように感じる。「辞めたんだな」と思うと二重三重に淋しくなってくる。二年半いて、山岳部の人間関係にどうしても入ってゆけなかった。何をした後でも「自分の行動は間違っていたのだ」と思ってしまう。人に不必要に謝ってしまう。［X年九月二五日］

(4)被害者意識が強い、と自分でも思う。自分は何も悪いことをしてないのに、人が危害を加えてくるという意識です。［X年一〇月四日］

(5)小中学生時代、最前列の席で虎の巻を開いて授業を受けていて「ふてぶてしい奴だ」と先生に怒られたり、もうわかっていることでも同じ事を何遍も聞き返すということで母親が保護者会で注意された。僕にはそれがよくないこととは今だに思えない。でもそれは、世の中の人から見ればとんでもないヘマということになるらしい。［X年一〇月二五日］

(6)いいことがあったとき、人に言うと嫌がられる。［X年一〇月二五日］

この患者は、⑴⑵「罪悪感」や、⑶「悪いことをした」「自分の行動は間違っていた」としばしば口にする一方で、⑷「自分は何も悪いことをしていないのに」とか、⑸（一般常識から見て「悪い」と注意されたことに関して）「よくないこととは、今だに思えない」と主張したり、⑶人に謝る場合でも「不必要」という意識が拭えない。この矛盾をどのように考えたらよいのだろうか。その鍵は、彼がいったい「誰に対して」「何に照らして」自らの行動を「悪い」と言っているのか、という点に存すると思われる。

われわれは通常「相手に対して」とか「社会的な基準や何らかの超越的なものに照らして」みずからの行動の善悪を判断している。ところが、この患者が「悪い」と述べているのはどうやら「自分に対して」であって、「自己にもたらされた（不都合な）結果」や「（客観的・社会的な基準ではない）自分だけの基準」に照らしての善悪判断のようなのである。それはまた、内的な基準ではあっても、「良心」のような普遍性を持ち得てはいない。

この「悪い」は、「劣」の意味でないことは明らかだが、社会で通常用いられる道徳的な意味での「悪い」ともどこか異なっている。それはむしろ、「都合が悪い」とか「気持ちが悪い」というときの「悪い」に似て、本人個人にとっての「不快ないし嫌悪すべき事態」の到来を意味しているように思われる。「優劣」との連携を断った「善悪」が、公共的・客観的な基盤を失って、個人的・主観的な「好悪」との関連を強めてきているのである。

「最前列の席で虎の巻を平然と開く」とか「共同使用の流しにいつも汚れた皿を出しておく［X年一二月六日］」といった共同体のルールに違反する行為は、彼にはとりたてて悪いこととは映らない。もちろん「虎の巻を開く」こと自体が絶対的な悪というわけではない。それは、やりとり次第で、教師との思わぬ交流のきっかけとなったり、教室全体に緊張緩和の快をもたらすことさえあるだろう。しかし、そのような交流が起こり得るのも、この行為が建前上はよくないこととされている、という共同体ルールの共有が前提とされたうえでのことである。彼は、共同生活を円滑に運用するためのこの建前を、ことさら拒否しようとする。「虎の巻を開いた」こと自体が悪なのではなくて、建前上それを注意せざるを得ない者との交流を自ら遮断し、共同体のルールの方を「悪」として糾弾しようとするかのような態度をとることが問題なのである。これはいわば、社会的諸関係において「所を得ない」という意味では「悪」であり、善の根拠は自己そのもののうちにではなくて身近な他者との共感関係のうちにこそ見出されるという思想(本書、一四一頁)を否定する姿勢である。

また、(4)「被害者意識」という言葉の通常の意味は、「実際には人からさしたる危害を加えられるわけではないのに、人が危害を加えてくるように思う」ことであるが、この患者の用法では、「人が危害を加えてくる」ことが既に確定した事実として自明視されたうえで、本来の意味にはないはずの「自分は何も悪いことをしてないのに」という意識が強く前景に押し出されている。この

「自分は無垢である」という「イノセンス」の意識は、対人関係における「受動的な自己中心性」(後述)とでも呼ぶべき患者の態度と緊密に結びついている。「僕が変だと思うのは、A君の(僕に対する迷惑な)行動を間近に見ていながら、B君やC君が何も言わないことです」(本書、一四六頁)と患者が述べたとき、私はその意味を測りかねて首を傾げたのだったが、これは「B君やC君がA君の行動を糺《ただ》してくれるのが当然」という患者の感受性が、私に通じなかったためである。私が彼の立場なら、B君やC君のそのような行動は、願わしい僥倖《ぎょうこう》ではあっても期待できる必然ではないから、「B君やC君が何も言わないのは変だ」といった発想は、とても浮かびそうにない。彼の心中では、「傍観者たちの存在がイジメの発生の温床になる」といった一般的な議論がすでに内在化され、糾弾の対象となっているのであろうか。

同様に、(6)「いいことがあったとき、人に言うと嫌がられる」というのも、他人の幸福や自慢話を聞いて喜んでくれるような人が少ないのは何ら不思議なことではない、と私には思われるのだが、患者はあたかも「自分の幸福は、誰もがそれを聞き知って、祝福してくれるのが当然」と考えているかのように見える。私が「受動的な自己中心性」と呼んだこの心性の根底にあるものは、やはり自らのイノセンスにかかわる意識であり、彼の善悪判断の「内的な基準」をなすものは、無垢こそ最高の善とみなす「清濁」の意識ではないだろうか。

次に、Kの陳述に含まれた他者の言動に対する「善悪」判断を列挙してみよう。

《II　他者の言動に関する善悪の判断》

(7)自分の仕事を取られると腹が立つ。今日の授業でプリント配りの役をやっていたとき、枚数が多いもので、途中でひったくっていった奴がいた。そういうとき、山岳部のことを想起してしまう。山岳部では確かに、役目や仕事を僕にやらせたくなくて取り上げる雰囲気があった。イジメを受けた。［X年一〇月四日］

(8)わが研究室の卑劣な男Hが、机の上に置いてあった私の手帳を盗み見た。［X＋一年六月一七日］

(9)山岳部の人と道で会うたびに、「なぜ僕の役割を奪うのか」と頭にくる。［X＋一年一〇月一八日］

(10)実家に帰ったら、母親に今度もイヤガラセをされた。僕がご飯を食べている横で、母は牛乳を飲む。食事中に犬の下痢の話をされるのは耐えがたい。それと、親戚の子が医学部へ行った話ばかりする。母親はわざわざ、僕の就職願いを門前払いした私鉄会社の駅に僕を送ってくれた。考えているうちに、だんだん腹が立ってくる。［X＋一年九月一八日］

(11)帰省して二、三日過ぎると、母が干渉してくる。今回も案の定「頭髪を刈ってあげよう」と言い出した。浪人時代まで僕の髪はずっと母が刈ってきた。こっちに戻る前日にも母から「前髪が変だから、直してやる」と言われた。僕が着ている服にも母は必ず「それは色褪せているから駄目だ」「これに着替えろ」とか言ってくる。そのくせ祖母に対しては「自分でやりなさい」

といつも居丈高に言っている。〔X年九月一二日〕

なお、「散髪の強要」を始めとする母親の「過干渉」的な言動に関しては、父親が直ちに同意を表明し、「妻には干渉的な面があり、息子がそれをうっとうしく思う気持ちは私にもよくわかる」と証言している。〔X＋一年九月二六日〕

「てるくはのる」の犯行告白文

ここで、症例Kに垣間見られた「善悪」を「清濁」に重ね合わせる意識がさらに強まったケースに言及して、筆者の議論の傍証としておきたい。それは、平成一一年一二月に京都の小学校へ侵入し、校門の近くで遊んでいた二年生の首を包丁で切りつけて殺害した、岡村浩昌が書き残した犯行告白文である。彼は犯行現場に「私は日野小学校を攻げきします。理由はうらみがあるからです。今はにげますがあとで名前を言うつもりでいます。後で手紙をかきます。だから今は追わないでください。私をみつけないでください。私を識別する記号↓てるくはのる」という犯行声明文を残して立ち去ったが、事件後四七日目に警察に追い詰められてマンションから飛び降り自殺した。享年二一歳であった。残されていた犯行告白文から推察すると、犯行声明文の中で彼が犯行の理由と述べていた「学校へのうらみ」とは、直接には「高校側に無理やり卒業させられて、中退に変更して欲しいという自分の希望が叶えられなかった」ことを指しているようである。彼は高校に対して「卒業を取り消して欲しい」という訴えないし抗議行動を、卒業直後から犯行に至る一年半余りの間に数十回にわたって繰り返していた。

さて、ここで問題にしたい犯行告白文は、次のように書かれている。

〈私は岡村浩昌です。僕はどうしても妥協できずに暴力を使ってしまいました。学校に不満があり、それを示したいから暴力と自殺を計画して、暴力を決行しました。日野小で被害にあった児童は、とても悪いことをされたと僕は考えています。あとの報道で、姉が一緒にグランドにいたみたいで、それを知っていたら、ためらっていたかもしれません〉〈姉に現実の悪い（きたない）部分を見せてしまいました。ご両親や姉が辛い思いをしているならと重大に受けとめています〉（傍点は引用者。中村聖志・唯子『聞け、〈てるくはのる〉よ』新潮社、一五三頁）

「被害にあった児童は、とても悪いことをされたと僕は考えています」というのは、見慣れない窮屈な文章である。ここで犯人は、「僕（＝岡村）が、児童に対して悪いことをした」と言っているわけではない。「殺された児童は、自分（＝その児童）にとって悪い結果がもたらされた」と岡村は考えているのである。これは、前述した症例Kと同様の、「自分にとっての」「自己にもたらされた結果に照らしての」善悪判断という用法である。

このような「悪いこと」は、むしろ「嫌なこと」と表現されるのが自然な書き方ではないだろうか。「嫌」とは、「好悪」の次元での「悪」である。つまり、岡村にとっての「善悪」は、個人的な「好き嫌い」という価値基準の延長として存在しているのである。

続く「被害者の姉に現実の悪い(きたない)部分を見せてしまいました」という文章でも、「悪い」とされているのは岡村自身の行為ではなくて「現実」であり、また被害者の姉にもたらされた嫌悪すべき結果のことなのである。

ここで是非とも強調しておきたいことは、岡村には他人に対する共感や心優しさが決して欠落していたわけではない、という点である。彼が、被害にあった児童とその姉や父母の感情を推測し、同情と謝罪の意を表明していることは次の文章にも明らかである。

〈日野小の事件にあったこの家族や知り合いの人には本当に申し訳ないことをしてしまいました。ご両親の愛情をもって育ってきた子供と考えています。命の大切さははかりしれないものがあると考えています。僕はどこまで許してもらえるのかわからない。……登美ケ丘高校の教師の機嫌がわるくなったり、人同士の信頼感が少なくなったりして、生徒にも迷惑がかかっただろうと思います。すみません〉(同書、一五六―一五七頁)

もちろん、彼の犯行は許されるものではない。しかし、その犯行が「情性の欠如」や「自己顕示欲」に由来したものでないことは確認しておく必要がある。筆者が犯行告白文を読むかぎりでは、彼はむしろ、いまどき珍しいほど「生真面目で潔癖な、道徳的な若者」という印象を抱いてしまう。問題は、優しさの感情の欠如や自己顕示的な欲求の過剰にあるのではなくて、告白文の書き手が、自分自身の行為が児童の死という「悪」の発生因であることを自覚する「責任主体としての感覚」を失って、「現実」という嫌な事態が自動的に進行してゆくことを受動的に見守るような傍観者の視点から語っている点にある。

さらに注目すべきは、岡村自身によって「悪い」が「汚い」と同一視されている点である。「汚い」という言葉は、犯行告白文の後半で「高校の教師はきたないことをして、僕を卒業の方向に多くを持っていった」「汚い手をつかって卒業させ」たと再三にわたって登場してくる。「勉強しないと卒業できないと僕をだまして高校に行かせたのは教師だった」「(教師は)僕に無駄な時間を過ごさせて恩を着せようとしている。僕は教師や教育制度に対して妥協できなかった」。だから、岡村は学校側に卒業を取り消して中退にしてもらい、あらためて大学検定を受験するところからやり直したかったのである。この考え方自体は、潔癖な強迫神経症者にしばしば認められる「取り消し」ないし「(ゼロから)やり直したい」(本書、一六一頁)という欲求であって、神経症的ではあっても理解不可能なものではない。「少々のことには目をつぶって、卒業させてやりたい」という学校側の「善意」は、何事も自分の力でキチンと決着をつけなければ先へ進めない性格の生徒にとっては「押しつけられた」不快な事態だろうし、実際に卒業という処遇がなされた理由も、必ずしも「生徒本人のためを思って」というだけではなく、世間体への配慮や学校側の都合を反映していることもあり得るだろう。私に言わせれば、高校は義務教育ではないのだから、生徒に「恩着せがましい」と思われるほどの世話を焼いて、本人の希望を阻止する必要はなかったのである。

さて、ここで繰り返し出てくる「汚い」は、相手方ないし社会(学校)の側を「悪」として強く糾弾する言葉である。症例Kでは、これに相当するものとして「卑劣な」という言葉が使われていた。岡村は、自分の爪の内側にこびりついた被害者の血などはいささかも「汚い」と感じることなく、犯行の証拠としてみずから保存している。彼の言う「汚さ」とは、対人関係における心理的なものであり、自分が欲する「けがれのなさ」ないし「無垢」の意識と一対になっている。そして、岡村が教師や学校という現実から「汚い」ことをされて自分の望みに反する卒業へと持っていかれたように、無垢な姉弟も「現実の汚い部分」から「悪いことをされ」て生命を奪われた、というわけである。前述のように、ここで岡村は、犯行の責任主体としてよりも、むしろこのような「汚い」事態の進行を見届ける立会人の立場に立っている。だからこそ彼は、「僕が犯人だと確認して欲しい」と繰り返し述べて、証拠を確実に残そうと腐心したのであろう。

勉強をしておらず、テストの結果も著しく悪かった岡村に、教師が1の成績評価を下さず、「僕の成績の評価を2にした。クラスのみんなは評価の1をとらないように頑張って勉強しているのに、教師は明らかにだましていた」と岡村は憤る。彼は告白文の中で、「教師が生徒をだまして勉強させることをやめさせて欲しいのです」と繰り返し訴えている。「だます」ことは絶対に悪いことであり、勉強しない者は絶対に2以上の成績評価や卒業によって報われてはならない、とする岡村の純真な「善」志向には驚くべきものがある。

しかし、生徒たちが卒業後に出ていく世間は、さまざまな「悪」や「嫌なこと」で満ちている。教師の役割とは本来、生徒に善を教え込むことよりも、善悪の二分法を相対化しながら悪に対する免疫づくりを施すことではないだろうか。ある意味で「大人にだまされて勉強する」期間をもつことは、子どもの成長にとって欠かせないステップでもある。「だまされたか」と回顧できるときには、彼はすでに大人になっている。それが、大人への平均的な仲間入りの仕方とも言えるだろう。

無垢と道徳性

症例Kや岡村の対人姿勢は、「無垢な子ども」の心を中核に宿した自己が、汚れた世界や他者に対峙しているような構図である。今日そのような心性は、摂食障害の女性や家庭内暴力の青年などにありふれたものだし、われわれはすでに宮崎勤やオウム真理教の信徒たちにもそれを認めた。自己の内部に棲む「無垢な子ども」は、汚れた世界とそれを体現する他者たちに対して、ときに怒りを爆発させる。成人の心中に根深く棲みついたイノセンスの意識とは、いったい何なのだろうか。

無垢は、多くの童話の主人公がもつ特性である。読者である子どもたちが物語に共感し、自分を主人公に同一化することによって慰撫されるのも、主人公の無垢が大きな力となってのことだろう。宮崎駿のアニメ映画が幅広い層の人気を博するのも、無垢を求める心性と無関係ではない。その背景には、児童期というものが大人が安易にそう考えるほど「バラ色」ではなくて、現実には無力で、けっこうつらい時期なのだという事情があるのかもしれない。

白雪姫やシンデレラの物語では、主人公が母親像を「良い母親」像と「悪い母親」像とに二分し、それらを同一人物の両面としてではなくて、別々の人物の単一の属性として認知する。つまり、主人公は現存する継母(王妃)に全面的「悪」の、今は亡き(現実には存在し得ない)実母に全面的「善」の母親像をあてがうわけである。これは「分裂(splitting)」と呼ばれる自我の原始的な防衛機制の一つであって、他者像に対するこのような分裂は、自己像に対しても深刻な問題を引き起こす。すなわち主人公やそれに同一化する者たちは、悪意やけがれをもたない代わりに全く能動性を欠いた無力で幼児的な存在として、小人たちに助けられ、王子様の出現を待つだけの自己に甘んじ続けるしかなくなってしまう。われわれの患者における「自己のイノセンス意識」と「受動的な自己中心性」には、上記の物語の主人公たちに通じる心性があることは明らかだろう。

イノセンスとは、「失われた母胎」あるいは「理想化された起源」への郷愁である。カントはそのようなものを道徳とは認めなかった。彼にとって道徳とは、意志の力による欲望の克服であったから、幼児期の無垢のごとき幸福は、たとえ存在したとしても善とは無関係な価値に過ぎない。ドストエフスキーがムイシキン公爵やアリョーシャ・カラマーゾフといった善意を代表する受動的な主人公たちに担わせた徳も、苦難や屈辱を経た末に獲得できる精神的な境地であって、決してイノセンスのようなものではなかった。イノセンスと力強さは、おそらく両立しがたいのである。

「清濁」ないし「無垢と汚れ」は、good-bad の訳語として辞書に記載されてはいないし、「優劣」に対して意味的な関係をもっているわけでもない。それはしかし、「善悪」に近しい意味を連想させるとともに、「善悪」に「快／不快」の要素をもちこむことによって、何か「善悪」の源流であるかのような印象を生み出す。つまり、「無垢と汚れ」は、とくにそれを自分自身に適用した場合、「善悪」をさらにもう一歩深く「道徳的」に価値づけたような言葉と化す。岡村のように相手の言動を「汚い」と規定することは、単に「悪い」と呼ぶ以上の「道徳的」な価値づけを含んでいて、これに比すれば「善悪」の方がまだしもニュートラルな表現に映るのである。

「善悪」が原則として人間だけに関係し、事物や動植物には適用されない概念であるのに対して、「清濁」ないし「無垢と汚れ」は、もとはと言えば事物や身体に対して適用される外的な規定であっただろう。それが奇妙に「人間化」され「内面化」された規定へと転用されることによって、「より深い道徳性」の領域が開拓されてきたように思われる。しかし、一見「道徳的」に見えるこの価値づけは、実は本来の意味での「道徳」ではなくて、主観的な「好悪」の感情が肥大化して混入したものではないだろうか。

good-bad ないし「善悪」の歴史的な起源が「優劣」であったように、「清濁」にもその起源と展開とが考えられる。文化人類学や民俗学の説くところでは、事物や身体の「清潔／汚れ(きれい／汚い)」という日常的な「清濁」の意味が神話的に象徴化されたところに、「清浄な(＝浄化された)ケガレ」という、原始社会の形成に不可欠な「聖なる次元」が開けてくる。そこでは「清濁」を固定的に二分していた世俗的な価値秩序が揺るがされ、両義的存在が創造的な力を発揮することによって、世俗の汚れが聖なるケガレに反転する。このような「清浄＝ケガレ」へと民俗学的に遡る流れのなかでも、「汚れ」から完全に分離された「無垢」は何の力も得られそうにない。「無垢」への志向とは、「優劣の相対性」に対抗する「善悪の絶対性」が、相対化の危機に曝されたときに発生してくる「新たな絶対性への希求」を意味するものではないだろうか。「清濁」を「善悪」の起源として想像的ないし神話的にうちたてようとする試みは、さまざまな相対的観点が並立するなかで失われてしまう絶対性へのノスタルジーであり、「善悪」に過剰にこだわる道徳的な人々の、最後の抵抗であるのかもしれない。

情動における「数の発達論」を提唱した杉谷葉坊は、ここでの議論に関連して次のように語っている。「清／濁」の対立において前項が正、後項が負の価値を帯びることは「よし／あし」の場合と変わりがないけれど、「清」における正の価値は「よし」にはない独特の性質を帯びている。すなわち「清」とは、無垢であり白紙であるがゆえに、(正でありながら同時に)ゼロという超越的な価値をもっているのである。

「清」は、ゼロでありながら同時にプラスであるという、数字のマジックを内蔵している。ゼロは正(プラス)ではないから、本当は「弱い」。しかし、そのことが逆に「強み」にもなる。プラスでない点が曲者なので、＋2ならば＋3がやってきたら降参せざるを得ないところを、ゼロは(＋3にも)絶対に負けない。

かりにゼロだけが「正」であるとしたら、プラスもマイナスも、優も劣も、みな「負」とみなされてしまうだろう。ゼロをゼロのままにさせておかないもの、白を白でなくするものの一切が「汚れ」だということになる。清濁の価値体系の中心地であるゼロ地点は、こうして(ゼロ以外の)あらゆるものを批判し排除し得る特権的な場所へと変貌する。ここから他者に対する不寛容、ヒロイックな潔癖性、自己中心的な受動性などのすべてが由来してくるだろう。善悪と好悪が結託して優劣を疎外するところに生じる「清濁」の突出という現象は、一群の患者にばかりでなく、現代の日本社会に適応しようとする文化人たちにも広く認められる徴候である。しかし、大人になる過程で正や負の価値をいったん身につけた人間が、再びゼロの存在に戻ろうとする意思が退行であることは言うまでもない。

大人であることを引き受けた現代人の一般的な善悪観は、(a)「善悪はしょせん相対的・部分的なもので、自分の行動の唯一絶対的な基準にはならない」し、(b)「自分がそれで善いと思えば、他人からどう見られようとあまり気にしない」といったものであろう。一方、Kにあっては、(A)「無垢」を最高の善とする自己の内的な基準を唯一絶対的としながらも、(B)「他人からどう見られるか」をひたすら気にかける。近年の若者たちは他人から肯定的に見られることなしには自分を肯定的に見ることができないようで、彼が求めているのは、自己の内部に仮構された「無垢」がそのまま外見にも現れて、それを他者から承認されることなのである。

(B)は、彼らの振舞いに「外見(Schein)」の優位をもたらすが、それはかつて自己顕示性性格者やヒステリー患者に関して言われたような、自分を「能力以上に」他人に見せたがる傾向とはやや異なっている。彼らは、「目立ちたがる」と同時に「無害な(悪くない、汚くない、イノセントな)存在」にも思われたがっている。これは要するに、自分の価値や無垢を他人からの承認によって確認したいという自己愛的な願望であって、それなしには自尊心や生きる意味を感じとることができず、自己の存在自体が否定されたような気分になってしまうらしい。

誰にしたところで、好きこのんで他人から悪く思われたくはないが、大人は通常、他人たちが自分に関して頭の中でどのように(悪く)思おうと、それは(口にさえ出さなければ)最終的にはその人の自由だ、とみなしているのではあるまいか。他方、最近の若者たちは、患者でない者・神経症患者・分裂病患者を問わず、そのような考え方に安住できずに、すべての他人の頭の中から「自分に関する悪い考え」を一掃してもらわなければ気が落ち着かないようなのである。だが、これは実現不可能な願望と言うべきである。こうして彼らは、(A)自己の内的な基準を善悪判断の唯一絶対的な基準にするという原理とは裏腹に、現実場面では(B)徹底的に他律的な原理に従わざるを得なくなる。このような矛盾を解消するための魔法の杖が、「無垢」という神話に求められるのだろう。

ところで、人間関係は相互的なものだから、Ⅱに掲げた他者たちの言動にはKの表出に対する反応という側面が含まれることは否定できない。そこで、いささか横道にそれることになるが、他者たちに対するKの振舞いがどのようなものであったのかを、これもやはり患者自身の陳述から具体的に拾い出してみよう。

《III 他者たちに対する患者の振舞い》

A 「自分をひけらかす」態度

- 「自分の言動がまずくて、嫌われてしまったのではないか」「自分はひけらかすことがあるので人に嫌われるのだろう」とか思い、自分を彼らと比較してしまう。[X年六月一三日]
- 高二の三学期に成績が落ちたとき、同級生たちから「どうしたんだ?」「お前が成績落ちたなんて、何かあったの?」などと心配された。それが妙に心地よくて、「成績が悪いのを過度にひけらかすように周囲に言って回る」ことを卒業まで続けていた。[X年一一月二二日]
- 僕はどうして(目上の人に)誉められなくてはいけないのでしょうか。どうして(同僚に)自分をひけらかそうとするのでしょうか。人と会話するとき、僕は自分のことをよく話題にする。それが聞き手の反発を呼ぶような気がする。[X+一年一月一〇日]
- 自分で自分を偽っている。その証拠に「みせびらかす」ということがある。休みが苦痛なのは人に「みせびらかせない」からです。他人から離れられない理由は「みせびらかす」相手とし

て他人が必要だからです。[X＋一年七月二四日]

B　誘惑的な表出

●人に話しかけるとき、ニタついた雰囲気になってしまう。[X年九月二五日]

●人に話しかけるときは「君が中国へ亡命するという話を聞いたけど、ホント?」などと話を作って切り出す。今のアパートは共同炊事場がきれいに片づいているので、僕は使った鍋などを流しに出しておく。すると、注意される。どうしても流しに置いておきたくなって、何度も同じ事をして注意される。[X年一二月六日]

●小中学生時代、最前列の席で虎の巻を開いて授業を受けていて「ふてぶてしい奴だ」と先生に怒られたり、もうわかっていることでも同じ事を何遍も聞き返すということで母親が保護者会で注意された。[X年一〇月二五日]

●「自分で自分をけなす」と、人が喜んでくれる。友達には驚かれるけど、自分のプライドのためです。[X年一一月二二日]

●わが研究室の卑劣な男Hが、私の手帳を盗み見たんです。「机の上に置いとく方が悪い」と言われたが、現場を見つけたので殴ってやった。[X＋一年六月一七日]

●一人でカラカラと馬鹿笑いしたら、隣の研究室に聞こえたみたいで、それ以後僕を変な目で見たり、視線を外したりする人たちが増えた。(主治医が「止めようと思えば止められる笑いな

の？」と問うと）ええ。試しに笑ってみるんです。あの日は教授と激論した後だった。［X＋二年一月二八日］

C　受動‐攻撃的な態度（後述）

• 宿題をやっていて、最後の一ページを残してしまう。三〇分もあればできるのに、どうしてもやれない。［X年九月二五日］

• 何をやるにしても「辞める（離れる、別れる）」とか「やり通してはいけない」という意識が頭に浮かぶようになった。［X年一〇月二五日］

• 僕は父親を無視してやることで、無意識的に父親を攻撃してるんだと思う。あんな人は嫌いです。［X年一一月八日］

• 何か物足りなくて、「何をしたらいいか」と親によく電話する。「こうしたらどうか、ああしたらどうか」と親からアドバイスを受けるが、僕はいちいち「それは……だから、できない」と否定し続けている。［X＋一年二月二八日］

D　相手方からの反応を「嫉妬」とみなすこと

• 僕には嫉妬という感情がわからない。世の中の人が何故あんなに嫉妬するのか？　僕にはわからない。（世人の嫉妬の具体例は？）いいことがあったとき、人に言うと嫌がられる。［X年一〇月二五日］

●留年は嫌だけど、どこかでそれを望んでいる所がある。留年すれば、人に妬まれないで済むから。［X年一一月二一日］

●僕が友達のDに話をしようとすると、Aが嫉妬したみたいに話に割って入ってくる。Aに何かを求められているような感じだ。［X年一二月六日］

●郵便配達のバイトをした際、最初は局員が親切に教えてくれたのに、だんだん慣れてきて、頑張って昼までに配達を終えるようになったら、途端に局員が冷たくなった。局員よりも早く配り終えるようになったから、ねぎらいの言葉もない。［X＋一年一月一〇日］

●山岳部の副部長Eは嫉妬がすごいんです。攻撃性。僕が後輩に話しかけると、僕を押し退けてくる。［X＋一年一月一〇日］

●嫉妬されてるんです。研究室の皆様にです。我が研究室の卑劣な男Hが、私の手帳を盗み見たので殴ってやったら、翌日講義室に入った途端に白い目が飛んできたのでピンときた。僕が超難関の大学院を受験するというウワサが広まっている。講義中にHが「就職活動はダミーで作り話だ」と周囲にリークしているのが僕に聞こえた。人間はいったん妬まれたら骨の髄まで妬まれるということを僕は高校時代から知っているので、もう大学へは行けない。皆の嫉妬の視線に耐えきれない。［X＋一年六月一七日］

受動－攻撃的な態度とは、相手に否定的な感情をもちながらそれを直接的には表現せず、要請に対してぐずぐずと引き延ばしたり、故意に能率や出来栄えを落としたり、といった受け身的な形で抵抗を示すことである。要するに、Kは「自分をひけらかす」態度や誘惑的な表出や受動－攻撃的な態度によって他者との接触を試み、これに対する相手方からの反応を「嫉妬」とみなすことで自尊心を充たしている。他人へ能動的な共感を示さず、他人はもっぱら自分を羨んだりほめてくれたりする限りの存在であって、それによって本人は自分を特別な存在と思うことができる。このような他者との関係構造は、学生生活を破綻から守ったり、家庭内暴力や女子によくある境界例的な短絡的行動へと向かうことを抑止する効果があるように思われるが、ここでは他人は自分の無垢意識や自尊心を充たすための道具として利用されるだけであるから、他者との交流による自己拡大は起こらず、患者は自己充足のための閉鎖的な回路の中にいつまでも取り残されたままになる。

このような歪みは、患者が使う「嫉妬」「無視」「被害者意識」といった言葉が帯びる特有のニュアンスや一般的用法からの微妙なズレのなかにも体現されている。Kの陳述をそのまま受け取るなら、彼の周囲は「嫉妬」する人間で充ち溢れている。しかし、こう言ってはいささか気の毒だが、患者はとくに人から妬まれるような魅力に充ちた人物ではない。相手方の反応を第三者的に見れば、「嫉妬されている」というよりも「からかわれている」に近いのではないだろうか。したがって、普通なら「バカにされた」と反応しそうなところで「嫉妬された」と思い込む。被嫉妬意識を肥大させることによって、相手を見下し自分の自尊心を保つ、という構造がここには窺われる。競争意識が素直に発動されず、超然とした態度をとることによって「戦わずして勝つ」ことが志向されているのである。

筆者はこのような言動が実際に生じた機会をとらえて、上記の解釈を何度か具体的にKに提示した。彼はそれに対して、たいていは否定も弁解も反論もせず、ただ笑い続けるだけであった。それは「僕は無視するのがうまい人なんです。露骨に顔を背けるようなことはしないで、何気なく無視できる」[X年一〇月二五日]という自己陳述を地でいくもののように見えた。しかし、他方で彼は自分の言動に関する主治医の意見をしきりに聞きたがったので、筆者は絶対的・普遍的な観点からKの具体的言動の善悪を云々するのでなく、すぐに「善悪」にまで狭窄《きょうさく》しがちな彼の意識をgood-bad意識にまで引き戻しつつ、そのつどの状況に応じて私秘的観点・二者関係的観点・社会的観点・歴史的観点といった複数の相対的観点を区別しながら筆者自身の見解を述べたものである。彼は驚くほど素直に筆者の考えに耳を傾け、わかりづらいところは質問してきた。この対話は彼にとって新鮮な体験であったようである。

次に、母親に対するKの振舞いを見ておこう。彼は「母親につきまとわれる」と主張しているが、客観的にみれば、母親の現在の関心は息子から離れてボランティア活動や社交や飼い犬へと移っている。実際には患者の方から母親へしきりに電話し、情報を与えては母親の反応を求めているような感じがある。

《Ⅳ　母親による「邪悪な」コントロール？》

•親には毎日三〇分から一時間電話して「苦しい」と訴えている。親に一生つきまとわれ、墓穴にまで入ってこられるのじゃないか、と思う。自分のやっていることを先生や親に逐一知っていてもらわないと、落ち着かない。［X年七月四日］

•父母の話によると、とくに週末に集中して家に電話をかけてきて、今にも倒れそうな息遣いで「苦しい、つらい、淋しい」と、ときには泣き声になりながら母親に訴える。昔の不快な事柄を持ち出して、「自分が今こうなったのは、……のせいだ」と繰り返しこぼす。［X年一一月七日］

「一緒の墓穴に入る」か否かは、ふつう後から死ぬ子どもが決めることであって、先に死ぬ親が決定できる事柄ではない。それを親の意思と責任に帰せしめる逆転した発想、実家に近い大企業から大学に就職の募集が来ていることをわざわざ母親に教えておきながら、その会社へ就職するように母親に「哀願され、縛られる」と訴える心性［X＋一年五月二八日］などは、Kの倒錯した依存性を表現したものであろう。「自分のやっていることを誰かに逐一知っていてもらいたい」という、分裂病症状を望むかのような法外な願望は、親に対してばかりでなく、「勉強しているとしんどい。そのしんどさが、大学では周りに伝わらないのが困る」[X＋一年七月二四日]といった形で、一般の他人に対しても向けられている。

●あの母親は僕に友達ができることを嫌がりますね。僕に対して今しつこくないのは、柴犬をうんと可愛がっているからだ。[X＋一年二月七日]

●就職の内定をもらって実家に帰ったが、そのとき家の様子がおかしかった。夜、友人の家へ出掛けていこうとすると、母親がひどく嫌がって止めようとする。「夕食は友達と食べるからいらない」と言ってるのに、「食べてから行け」と言って、必死に食べさせようとする。そのうえ、お婆さんが「アレしてあげよう、コレしてあげよう」とうるさい。それを見て母親が「甘やかし競争」を始めるので気持ち悪い。[X＋一年七月一〇日]

●六日に実家に泊まったら、例によって、母と婆さんから「甘やかし合戦」を受けた。僕が「誰かと一緒に旅行した」とか友達と会う可能性があると言うだけで、母はそれをさせまいとする。口では一応「それでいい」と言うけど、すごく変な目で僕を見てくる。昔から母親は、僕に憎しみをもって振舞っていたように感じる。[X＋一年九月一八日]

●(「少し実家へ帰ってみたら？」と主治医が勧めたところ)あの母親と一緒にいるのは嫌だ。い

つも詰問されるから。それに婆さんが僕に何か言うと、すぐにそれと関係のない話で割り込んでくる。［X＋一年九月三〇日］

●大学が嫌になって八日から実家へ帰ったら、いつもの通り家中が嫉妬深い。たとえば僕が婆さんと話していると、母親が大きな音を出してドアを閉める。「友達と会ってきた」と言っても、母は同じことをする。それを注意すると、怒りだす。婆さんも婆さんで、こちらがうれしくもないことをやってくれようとして、僕が断っても耳を貸さない。正月の三箇日は、親戚が来るので嫌だから出掛けようとすると、母はそれも「やめとけ」と言う。「寒いから」とか「四国みたいなこわい所」とか、理由にもならない理由を言って、とにかく気持ち悪いんです。［X＋二年一月七日］

彼がここで描いているのは「自分にとってはうるさいだけなのに、母親や祖母が競って自分の世話を焼こうとしてくる」という構図である。母親と祖母の間には実際に「嫁姑の確執」があるのかもしれないが、患者の側に「甘やかし」を受けることに対する毅然とした拒否がないことは確かである。家族からいろいろ言われなくなったら、彼は孤独の淋しさに耐えられないのではあるまいか。

次に、本筋に戻って、「優劣」および「好悪」に関わる患者の発言をまとめておこう。

《Ⅴ「優劣」および「好悪」に関する判断》

⑿僕は自分より弱い人に対してひどく冷淡な、悪い人でもある。〔X年一〇月二五日〕

⒀高二の三学期以来「成績が悪いのを過度にひけらかすように周囲に言って回る」のが妙に心地よくて、卒業まで続けていた。〔X年一一月二一日〕

⒁僕は父親が嫌いだから、無視してやることで攻撃してるんだと思う。母親は僕に友達ができると、嫌な顔をする。〔X年一一月八日〕

この青年の good-bad 意識は、「善悪」の領域が「好悪」の意味と結びついて肥大し、「優劣」の占める割合が乏しい。「優劣」の意味での good-bad 意識を患者の陳述の中から敢えて取り出してみるなら、⑿「弱い人」や⒀「成績が悪い」くらいではないだろうか。注目すべきは、それらがすぐに⑿「悪い人」(善悪)や⒀「心地よい」(好悪)へと転換されてしまって、「優劣」の意識そのものとしては維持されないことである。そして、自他の言動を「善悪」の基準でカバーできなくなるにしたがって、「好悪」の感情による判断が優勢となり、怒りっぽくなってくる。⒀「成績の悪さ」をひけらかすことによって「心地よさ」を味わうという自虐的な行為は、⑿「弱い人」に対しては暖かく接しなければ「善い人」ではないとする道徳的な主張と重なって、「成績の悪さ」をひけらかした自分に対する暖かさを周囲に要求するものであり、それが充たされない場合には相手を「悪い人」として糾弾する姿勢を潜伏させている。

⒁嫌な相手を「無視する」こと、つまり距離をとって関わらないようにすることは、過密社会を生きる現代人にとってはやむをえざる「適応」行為と考えられる。しかし、それによって「相手への嫌悪感や攻撃心」を忘れることができなければ、真の「無視」ができているとは言い得ないだろう。Kのように自他の「好悪」の感情に支配されやすい人には、「無視」は手に負えない課題なのである。

「優劣」の認識という領域を他に転化することなく保持することは、人格の形成にとって不可欠な重要事である。この症例は、そのことを明確に物語っているように思われる。

症例の要約

この青年の対人関係パターンや人格特徴は、だいたいご理解いただけたであろうか。簡単にまとめておくと、⑴基本的心性は慢性の孤独感と淋しさであり、それを親の育て方や学校での体験と関連づけようとする。⑵基本的な防衛は投射(被嫉妬意識)と受動–攻撃的な態度であり、⑶笑いやユーモアを欠いた、真面目でいないと罪悪を感じる「べき人間」であるが、その一方で、⑷急性精神病へ陥る危機に対しては意外な強さがある。この症例に包括的な診断をつけるとなると意外に難しいのだが、基本的な人格傾向としては「自己愛の強さ」と「受動–攻撃的な態度」を挙げておくことが、まず妥当だろう。Ｋにあっては、受動‐攻撃的な態度が、相手に対する依存や「道徳」を要求する姿勢と密接に結びついて、その人格全体を特徴づけるものとなっている。いずれにせよ筆者は、この患者の考え方に表現された善悪意識(広く言うならgood-bad意識)に現在四〇歳台以上の世代とは異質なものを感じて、そこに現代の青年に多い人格特徴が極端化したものを見せられた思いがしたのである。

《Ⅵ　「道徳」に関する患者の位置づけ》

⒂相手に対して腹を立てて何か言うとき、僕は決まって「道徳」を持ち出す。「あなたはそんなことをして、道徳心に恥じないのですか」と。［Ｘ＋一年一〇月七日］

机上に放置しておいた彼の手帳を「盗み見た」同級生Ｈを「卑劣な男」と呼んだことも、この青年の道徳意識の根強さを物語っているように見える。Ｋによってこのような形で持ち出される「道徳」とは、いったいどのような価値を担っているのだろうか。また、一般に「道徳」とは、どのようなものであるのだろうか。

ザースらによると、「モラル」という言葉は、一九世紀初めのヨーロッパでは、知性的な事柄と対比して情動的な領域や行動意欲的な領域を指すための純粋な心理学的な用語であって、現代で言う「道徳的」「倫理的」という意味で使われることは、はるかに低頻度であった。イギリスの精神科医プリチャードが一八三五年に提唱したmoral insanityという診断概念は、わが国では精神病質概念の嚆矢《こうし》として「背徳症」などというおどろおどろしい訳語をあてがわれ、いかにも道徳に反する人間を意味するかのように誤解されているが、精神医学史家のベリオスによると、プリチャードがこの名称で呼んだものは今日の躁うつ病に属する患者群であった。彼自身による定義は「関心や知性や理性の能力に何らはっきりした障害がなく、とりわけ幻覚や妄想がないにもかかわらず、自然な感情・愛情・好み・気性・習慣・自然な衝動などに関する病的な倒錯を本質とする狂気」というもので、道徳的な善悪の意味合いが何ら含まれていなかったことは、彼の著書に記載されている諸症例を読んでも自ずと明らかなことである。プリチャードがこの概念を提起した眼目は、狂気といえばすべて知性の障害と考えられていた一九世紀以前の主知主義的な潮流に対抗して、「幻覚・妄想や知性障害がなく、一次的に感情や意志が障害された狂気が存在する」という新しい構想を打ち出す点にあった。「道徳療法(moral therapy)」というかつての用語における「モラル」の意味も、本来このようなものなのである。

「道徳」という言葉の二つの意味

「道徳」という言葉を哲学事典でひいてみると、以下のように記述されている。

（「道徳（morality）」は）社会現象ないし事実としてみれば、ある時代・あるグループによって承認される行為の準則の全体であり、（時代や地域や民族によって異なり、）習俗と最も密接な関係をもつ。……この連関において、道徳は外的な強制を伴い、法や人倫的しきたりと接触する。しかし、個人の意識や意志に働きかける内的規範としてみるならば、道徳は無条件に普遍的に妥当するとみなされる行為の準則の全体であり、……宗教的な戒律と密接に関係する。善悪の判断基準となり、行動へと駆り立てる主体的動機としての道徳は、宗教的につちかわれた、あるいは各人の人生遍歴において信念として定着したエートスに基づいている。（『哲学事典』平凡社）

つまり「道徳」とは、(a)外的な強制としての共同体の規範、(b)内的な規範として無条件に普遍的に妥当するとみなされる行為の準則、というお互いに対立するような二つの意味で使用されるが、いずれにしても善悪の判断基準となるものである。道徳(a)は平俗な功利主義的観点からみた道徳であって、共同体の成立を可能にするための規制原理という意味で「倫理」や「人倫」という言葉に近く、道徳(b)はカント的立場からの道徳であって、純粋に自発的な当為ないし至上命令という意味で「良心」という言葉に近い。

精神科医は、道徳(a)や道徳(b)を患者や自分自身に直接要請することができるであろうか。それは難しいし、治療的でもない、と私は考えている。詳細は次章に譲るが、過剰な「善悪の意識」は、症例Kに見られたような生きづらさをもたらす、と思うからである。

道徳的善悪と良心の普遍性

「善悪」が普遍的な形で存在するという主張は、今日旗色がよくない。現代人は誰もが環境問題その他で大小の悪をたれながしつつ生きているのだから、邪悪な部分を抱えてしか生きられないことを自覚せざるを得ない。「普遍的な善」などは、頭で考えることができたところで、個別的な生を大事にする限り誰しも容易に実践できないことは明らかである。そこで、今や「善悪」を単なる建前にすぎないものと軽視して、「優劣」や「快／不快」レベルの重視を公然と表明する人々が増えてきた。うつ病の人間学的研究の権威であったテレンバッハなどは、すでに六〇年代から、うつ病患者の「良心」や「善人」性に「二流の人」という低質性を認めていたのである。

普遍的な「善」を断念したとき、道徳や倫理は相対的な「善」を提示するにすぎないもの、人間の集団生活を可能にするための人為的な約束事、つまりは社会的な虚構とみなされることになる。そうなると、悪こそ自然であり、「生命(あるいは存在)の過剰」であって、「倫理」は自己の内部の過剰な自然をどのように制御し抑圧するかという技術的な問題に過ぎなくなってしまう。善行とは社会的な制度に従った悪行の抑圧に他ならず、普遍的な「良心」を信奉する立場から見れば、偽善にも通じかねないことになる。いったん道徳の根拠に疑問が抱かれ、それが自明なものでなくなったときには、その根拠を法的契約のような明示できる形に置き換えるしかないのであろうか。

しかし、他方でわれわれは「良心」という言葉を聞くとき、その深浅はともかくとして、何事かを理解する。それは、普遍的な善があり得る証拠ではないだろうか、と問うてみることもできる。私は普遍的で絶対的な「良心」の存在を強く主張することはできないが、かといって逆にその存在を強く否定することもできない。「良心」や「道徳」は、他人に強制できるものではないから、精神科医として他人に関わる場合にも、その存否に関しては相手方の考えを尊重するしかないだろう。というわけで、結局のところ「善悪」の問題に関して、精神科医は常に不徹底な立場にとどまるしかないように思われる。それでも、これまでの議論から、以下のようなことだけは言えるのではないだろうか。もちろん、これらは客観的な真理というよりも、私個人の格率（主観的な行動原理）でしかないのだが。

(1) 精神科医には、とくに患者の他者関係に関して「善悪」の判断を回避できない局面があり、科学的中立性を装うことでそれを回避しようとする姿勢は、それ自体が悪であり、非治療的である。

(2)内心における「善悪」の意識と、その人の行為を客観的に見た場合の「善悪」の判断は、背反することが少なくない。自分の善意をいささかも疑わない人が悪の行為をなし、悪の自覚をもつ人の行為が他人にとっての善をもたらす、ということは普通に起こり得る。

(3)ここで問題にしている「善悪」の基準や「人格障害」の概念は、犯罪行為に対する量刑の決定に影響を与えるべきではない。明確な精神病ではない犯罪者は、彼の「善悪」意識や「人格障害」の有無に関わりなく、健常者と同等の資格で、犯した行為の重大さによって裁かれるべきである。

(4)善のみを尊重し、悪を徹底的に排除しようとする姿勢は、人生を貧しいものにする。とくに、この姿勢が子どもの養育に強く適用されるとき、それ自体がひどい悪になり得る。適度の悪への汚染による免疫作りこそ、ウィニコットが要請した「ほどよい母親(good enough mother)」による育児に相応しいものなのである。

(5)「善悪」の意識は、good-bad の多義性のなかで「優劣」「好悪」と混合した状態にあって突出しないことが望ましく、一つの意味レベルの過剰な突出はそれだけで問題を含む。

(6)「善悪」と「好悪」が特定の領域を越えて全般化し、主観的・二者択一的な評価へと傾きがちであるのに対して、「優劣」という視点の今日的な長所は、特定の領域に限局された相対的・

段階的な客観的評価に馴染むことにある。

(7)「善悪」の判断も本当はクリアカットに二分できず、視点の変更によって容易に逆転し得る可能性を秘めている。この領域でマニュアルにもとづく二分法的な思考に頼ろうとすることは、誤りを招きやすい。むしろ「善悪」の判断は、そのつどの仮言的・具体的状況の下で自分自身の経験的な基準に従って暫定的に遂行し、過誤に対して常に訂正できる心の準備をしておく姿勢が望ましい。

(8)精神科医や犯罪心理学の専門家といえども、「人格判断」や「善悪」の問題に関しては純粋に客観的な視点には立ち得ない。自分を超越的・第三者的な特権的立場に置いてこの問題を語るような専門家は、その倫理性を疑われるだろう。

あるいは、筆者は精神科医として経験的に、平俗な功利主義的立場から、とりあえずは次のような態度を「よい(good)」とみなすことにしたいと思う。

(a)他者を欠く個人的な領域では、自らの嗜好・気分にもとづく快／不快に従って行動できること。

(b)対人的な領域では、共同体のルールに従って他のメンバーと協調できること。

(c)社会的な領域では、客観的評価としての優劣を受け入れる用意があること。

(d)それらを超えたところに、道徳レベルの「善良」と「邪悪」(たとえば「良心の声」)が存在する、という可能性を否定しないこと。

そうは言っても、真の問題は上記の諸領域が競合する際の選択の困難にあるので、これらの項目は個人が行動を選択する際のマニュアルとはなりがたいのである。

第五章

人格と倫理

前章では道徳的な「善悪」について、症例を通してさまざまに論じてきた。その際、精神科医はこの問題に対してアンビバレントな姿勢をとらざるを得ないが、とりあえず臨床的観点を優先させるなら、「善悪の意識」の突出を不自由なものとみなして、できる限りそれを弱めることが求められるというのが現時点での結論である。しかし「道徳」という言葉には対立する二様の意味があり、議論にあたっては「倫理」や「良心」といった用語との区別に留意する必要がある。本章ではこれを受けて、「倫理」という言葉を、善悪から相対的に独立した、主として他者との関係における責任という領域に適用してみたい。「倫理」というものが、人々の良心や社会的習慣をもとに人と人との間の関係を定める原理であるなら、またこれまでの章で言及したように、自己愛性人格と呼ばれる人間の最大の特性が他人の人格を毀損する点にあるとするなら、「倫理」と今日的な「自己愛」の成立との間には密接な関係が存在するはずである。

善悪の意識は、「子ども自身のために」という名目で親から植えつけられる。しかし、それは子どもを支配する道具として機能する面があるので、子どもの精神的発達に悪影響を及ぼし、後に神経症やうつ病をもたらす「原因」となる場合もある。これに関連して、心的外傷ないしアダルトチルドレンの物語という形で自分を症例化し、スキャンダラスな「病歴本」を著し続ける若い女性作家が少なくないが、ここでは小説家を職業とするのではない中年男性の自己分析の物語を敢えて素材に取り上げてみよう。

心理学者の岸田秀と裁判官の関根牧彦は、神経症の自己治療に取り組む過程で、成人後の自分の人格や神経症症状が、ペックが邪悪性と呼んだような少年期の親からの「隠微な支配」と関連することを追求した。精神医学的な邪悪性と無垢意識の問題に、自分自身の体験を素材にして「内側から」迫り、「子ども側から」の証言を与えたのである。ここではまず彼らの報告を参考に、心的外傷の物語の蔓延と責任意識の希薄化という現代の傾向に迫ってみたい。

岸田秀と母親の欺瞞

岸田秀（一九三三年生まれ）は、『ものぐさ精神分析』（中公文庫）所収の「わたしの原点」（一九七五初出）と題するエッセイと、『フロイドを読む』（青土社）という著作のなかで、次のような自己分析を披露している。以下、彼の言葉を引用しながら、まとめてみよう。

岸田には中学生時代から、強迫症状と抑うつの発作があった。友達に金を借りているという観念が頭にこびりついて離れず、返さないと気持ちが落ち着かないために、実際には借金していないことを承知のうえで、馬鹿げたこととは思いつつ、友達に「返したい」と申し出て訝しがられたり、受け取ってもらえないときにはチャンスを見つけておごってやることで勝手に「借金を返した」と思うことにしていたという。「しかし、そのような姑息な手段でごまかしても、「借金」の強迫観念はまた起こってくるため、私はその対策に追いまくられるのであった」。道をいったん歩きはじめると、引き返せば何か不吉なことが起こるような気がして、用もないのにどんどんまっすぐ進まねばならず、意に反して遠くまで行ってしまったり、本を読もうとすると「この本を読んではいけない」という禁止がかかってくる。これらは、岸田自身が述べているとおり、典型的な強迫神経症患者の強迫行為である。

彼は、当時出会ったフロイトの翻訳本の中の「強迫神経症の一例」と題する、今日一般に「鼠男」と呼ばれている症例が自分の症状に酷似していることを発見し、この奇妙な心性の原因はどうやら父母との関係にあるらしい、とのヒントを得て、自分自身に精神分析を適用することによって強迫神経症を治療しようと考える。彼の母親との関係は、次のようなものであった。

「わたしの母は実の母親ではない(引用者註・母の兄夫婦が実の両親である)とは言え、これほど理想的な母親が世の中にいるであろうか。母はわたしを「眼の中に入れても痛くない」ほどかわいがっていた。わたしがいろいろ無理なことを言ってもたいていは認めてくれた。ただ、わたしが嫌がっている家業の劇場をわたしに継がせようとしていることだけが不満であったが……。継いでくれないとなると、母のこれまでのすべての苦労が水の泡になるではないか。何のためにこんなにがんばってきたのか。すべては息子のわたしのためだったのだ。何の不足があるのか。……母のこの種の苦労話は、わたしが劇場を継ぎたくないという意志を表明する以前の、ごく幼い頃からはじまっていた」（『フロイドを読む』一五―一七頁）。

少年期の彼は、劇場を継ぎたくないのは「わたしのわがままなのだ」と考えて、母親の愛情を疑うことはなかった。自分に対する母の扱い方にどこか間違ったところがあると感じはじめて後も、母は「単に無理解なだけなのだ」と思おうとした。母に愛されていることを疑ったら、子どもの自我は崩れてしまうからである（同書、二四頁）。しかし、身近な人々に対する母親の振舞いは次のようなものであり、その傾向は岸田自身の人格に受け継がれているという。

「母は恩着せがましい人であった。……母はたしかに人の世話をしたことはしたのであるが、それを恩にきせ、嵩《かさ》にかかって人を支配しようとした。そのため、感謝されずに逆に恨みを買ったのである。……母がそのいやらしい恩着せがましさと支配欲を最大に向けたのは、もちろんわたしに対してであったが、それが見せかけの愛情のオブラートに包まれていたためもあって、わたしはなかなか見破れなかったわけである。……わたしは母のそういういやらしい面を確実に受け継いでいた。人がわたしの好意を必要とする弱い立場にあったり、あるいは人に頼まれて何かしてやったりすると、自分が決定的に優位に立ったと思い込み、居丈高になって失礼な要求を突きつけたりする。

もちろん、それをいやらしいとも失礼だとも気づいていない」(同書、一四〇―一四二頁)。

岸田はその実例として、わが家に引き取られてきた実妹に対して、「喰わせてもらっているくせに生意気だ」「感謝が足りない」と言っていじめ、「権利はすべておれにあり、おまえには義務しかない」とまで言った経験を挙げている。「(わたしは)卑劣にも、わたしに対する母の態度をより露骨な形で弱い彼女に対して反復したのであった」(同書、四九頁)。

「個人が過去の親子関係のパターンをのちの人間関係において強迫的に反復するというフロイドの説を納得したのは、まさにそれがわたし自身において見られたからであった。……わたしの言葉、態度、行動に対する(相手の)反応は、わたしが予期しているものと喰い違う。感謝されると思っていたのに恨まれるとか、当り前のことをしたつもりなのに驚かれるとか。そのとき、わたしはなぜ彼が私にとっては意外な反応をしたのかをどう考えても理解できない。そこではじめのうちは、彼の方が不当であるか、またはわたしを誤解しているのだと決めてかかる。しかし、同じような場面でいろいろな相手が、私にとっては意外であるが、同じような反応をしてくるということが重なると、おかしいのはわたしのほうではないかと疑われてくる」(同書、一三五―一三六頁)。

この観点から過去の自分を眺めてみると、高校時代、「何となく終電車に乗り遅れて、予定外で友人の家に泊めてもらう。……そのとき家には連絡せず、翌日家に帰ると、心配していた母に叱られ外泊を禁止される」という行動を繰り返したことは、母のいる家からの逃亡願望の行為化と解釈できると、岸田は言う(同書、四六頁)。また、幼少年期に夜尿や原因不明のひきつけを始めとするさまざまな身体症状と行為化を生じたことは、母への抑圧された憎しみの現れであると彼はみている。「母は自分を疑うということをしない人で、自分の子が変なのはひょっとして自分の側に一端の責任があるのではないかなどとは露思わず、それらのことを「親の恩」をさらに強調する理由に使った」(同書、二四三頁)。

また岸田は、自分の「現実感覚の欠落」にも触れている。空腹や尿意を感じても、その欲望の現実感が薄いために摂食行動や排尿行動になかなか移らない。幼い頃から規律や常識が身につかないために非常識なことを何度も仕出かしては怒られ、その非常識を自覚しないので「変な子」と言われたり「度胸がいい」と誤解されたりしたが、それは危険の感覚が現実の危険と対応していないためである。高校生のころオートバイに乗っていて幼女を怪我させ平然としていたことがあるのも、危険だと判断できてもその判断に現実感が伴っていないため、わかっていながら危険を避けない結果であった、と言う(同書、一九九頁以下)。

結論として、岸田は次のように述べている。

「……継母がひどい女で、継子の彼をいじめ抜く。……彼は不幸であろう。彼にとってこの現実は耐えがたい苦痛であろう。しかし、彼は……この耐えがたい現実が現実であることを否認して、この継母は一見残酷そうに見えるけれども実はやさしい女なのだといったような空想に逃げ込むことはないであろう。この継母自身、自分が彼を愛していない現実を現実と認めており、したがって、彼の愛情や感謝などをはじめから当てにしていない。むしろ、恨まれても仕方がないと思っている。……この現実は、彼にとって耐えがたいとしても、それを支える現実感が稀薄だということにはならないであろう。彼は現実をしっかりと構築するであろう。そして、彼はそのしっかりした現実にもとづいて、自由に継母に対する恨みを表現できるであろう。彼は反抗的人間、あるいはひょっとして犯罪者になるかもしれないが、神経症や精神病にはならないであろう。

個人が知覚するもろもろの現実に解決しがたい矛盾が持ち込まれるのは、要するに、わたしの場合のように、個人が現実を構築してゆく発達過程において彼にとってもっとも重要な人物である親が嘘を現実と偽って提示するからである。この欺瞞さえなければ、相当ひどい親であっても子どもを神経症や精神病に追い込むことはないと思われる。わたしが母をいまだに恨んでいるのは、母がわたしを愛していなかったからでも、わたしを利用しようとしたからでもなく、この欺瞞をやったからである。わたしを愛していなかったにもかかわらず、自分以上にわたしを愛しているとわたしに信じ込ませ、それを根拠にしてそのお返しにわたしがわたし自身以上に母を愛し、大切にすることを強要したからである。愛の名においてわたしを利用しようとしたからである。……親のエゴイズムそのものは子をたいして傷つけないのではないか。かなりひどいエゴイストの親に育てられても、そのエゴイズムを愛と偽る欺瞞さえやられなければ、子は現実感覚を狂わされずに何とか切り抜けられるのではないか」(同書、二一八—二二〇頁)。

「わたしが過去の母との関係がどのようなものであったかを知ることができたのは、主としてこの第二系列の恋愛の分析(引用者註・母に似た年上の女性を理想化して接近する一方、相手が彼の「献身的愛情」に応じてくる場合には逃げ出す、という行動パターンの反復)によってであった。そこから見えてきたのは、幼いときのわたしがいかに荒涼とした陰惨な世界に生きていたかということであった。母は慈母の仮面をつけた鬼畜であった。この鬼畜を慈母と信じようとしたことが、わたしの神経症の原因であった」(同書、一九四頁)。

母親の死後の公表とはいえ、岸田はどうしてここまで執拗に母親を糾弾するのであろうか。「母がわたしを愛していなかったということをわたしがしつこく繰り返し、思いつくかぎりの根拠を並べ立ててこのことを証明しようとするのは、単に恨み言を言っているのではなく、自分一人だけでどれほど知っていようとそれだけではダメで、わたしの証明を聞いて納得し、同意してくれる他者が必要だからである」と、彼は言う(同書、二一六頁)。

岸田が攻撃の対象にしているのは、母親の欺瞞(ウソ)であって単なる誤りや無理解ではない。単なる誤謬なら、子どもに道徳を強いることはなく、従って子どもに自己欺瞞や神経症をもたらすこともあり得ない。欺瞞と誤謬の区別に対する敏感さは、道徳を問題にする意識にとって一つの重要なポイントと言えるだろう。筆者は、岸田の「証明」に納得し、彼の見解に同意を表明しよう。それはもちろん、成人後の彼の行為に関する自己責任を免除するものではないけれども。

関根裁判官とイノセンスの喪失

関根牧彦(『心を求めて——一人の人間としての裁判官』騒人社)は、一九五四年生まれで、東大法学部に現役で合格し、在学中に司法試験に合格して、卒業後はすぐに裁判官の道へと進んだ。全く無駄のないエリート人生を順調に歩み続けていたわけだが、九四年一一月に突然の不眠・不安・焦燥に襲われた。彼は「一種異様な感覚から、自分の現在の状態が普通のものではないことに既に気づいて」、すぐに大学病院の精神科を受診し、「軽いうつ状態を伴う自律神経失調症」という診断を受けて服薬を開始する。しかし、仕事に取りかかることが何ともつらく億劫で、仕事への拒絶反応や恐怖感は日ごとに強まってゆき、何事にも興味が持てず、生に対する無意味さの感覚が支配的となった。五〇日間服薬しても副作用が出るばかりだったので、彼は自分で精神医学書を読み、「私の病気の根にあるのは、一種の神経症的な機制であり、心のあり方ではないか」と自己判断を下し、九五年の年頭から入院して森田療法を受けることにする。主治医の当初の言葉どおり、四週間の入院で症状はほぼ完全に消失し、専門の仕事もこなせるまでに気分はよくなって職場に復帰した。「けれども、退院してから一週間もすると、私の内には、得体のしれない葛藤がめばえていたのである」「森田療法を受けた体験は、人生に対する私の見方を大きく変えました。この体験は、私の健康を回復させるとともに、一方では、私の内にある裂け目や溝の存在をも、それまでになく鮮やかに浮かび上がらせたのです」と、関根は言う(同書、三四、二八五頁)。

「私は、病気からはすっかり回復した。しかし、私という人間のあり方が、差別観と平等観の間に鋭く引き裂かれている」。つまり、「(病院での)生活は、俗世にはありえない一つのユートピア、平等観のユートピアを実現したものだった」し、「幼年時代の遠い記憶の中で、私は平等観の幸福の中にいたような気がする」、しかし「私は、森田療法のいう意味での差別に差別を重ねることによって、今の場所へとたどり着いたのだ」し、「再びエゴの上に立ち、自分と人とを区別する差別観に戻ろうとしている。私達の日々の一見穏やかな生活も、その秩序も、平等観よりはむしろ差別観にもとづいているように感じられる。それはなぜだろうか」という疑問が彼に浮上してきたのである。「その裂け目は、森田療法を体験したことで、かえって顕わになってしまった」「退院後に私が経験した危機は、もはや病的なものではなかったし、外に現れるものでもなかったが、それでもそれなりに深いものだった。私は病気からは回復していた。それにもかかわらず、自分の内に自分にも本当に理解できていない裂け目があるという実感は、病気になる以前よりもはるかに明確なものになっていた。……私は、今度は自分だけの力で、その裂け目に橋をかけ、みずからの問題を解いていかなければならなかった」(同書、四一、四五、二四六頁)。

かくして、「今の自分がどのようにして形成されたのか」という問題をめぐって、自分の過去への探求が開始される。これは小説として発表されたものであり、細部においてはフィクションが混じっているのかもしれないが、全体として著者にとっての「真実」が表現されていることは間違いない。以下、関根自身の叙述をもとに、彼の生活史と苦悩について要約しておく。

アルバムを眺めると、にこやかな子どもの表情は少しずつ硬くなってゆき、一〇歳を過ぎた頃には、既に途方に暮れたような表情をしている。それは、その少年の目に、世界がもはや輝かしい場所としては映らなくなっていたからである。同胞は九歳年上の兄が一人だけ。その下に男子が二人生まれたが、いずれも幼児期に死亡したため、末子の彼に病気をさせないこと、危険な目に合わせないことが母の強迫観念になった。小学生時代の彼は、学年の初めに教科書をもらったときに全部読んでしまい、あまり熱心に授業を受けない生徒だったので、優等生のわりには先生たちにかわいがられなかった(同書、一二四、一三四頁)。

彼が六歳のとき、兄が公立名門高校の合格発表から帰ってくるなり、母を驚かせてやろうとして「落ちたよ」と言った。兄の顔はいたずらっぽく笑っていたのに、母はあやうく卒倒しそうになった。それを見た関根少年の心に「この世には失敗という恐ろしい事態があり得るということに対する恐怖と、失敗は万が一にも許されないということに対する恐怖」が焼きつけられた(同書、一三七頁)。

兄がその高校に合格したとき、子どもたちに対する両親の願望は初めて明確な形をとった。兄はそこそこに勉強して、一浪で東大の教養学科へ進学した。父は「あいつは慢心していたから最初の受験に失敗したのだ」と言って、入った学部についても不満気だった。「このとき弟(＝関根)は一〇歳だったが、彼のなすべきことは、まさにこの時点で、完全に、議論の余地なく決定された」。弟が最難関の東大法学部を受験することは、口に出されることのない家族間の黙契として、既定の事実であり、そして絶対に失敗が許されない事柄だった。兄弟の性格を見比べていた両親は、彼が東大法学部の受験に失敗する可能性を、あり得ないこととして事実上無視してしまった。

「東京大学法学部に入ることは、一番安全な、したがって子供にとっても一番有益な道である、自分達のなめた辛酸を子供に、とりわけ感受性の強いこの子供になめさせたくない、そのための最良の方法を自分達はとっているのだ、だから、これは純粋に子供のためを思ってのことであり、何らやましいところはない。もしも父母の考え方を意識的に整理すれば、こういうことになっただろう」(同書、一三八―一四〇頁)。

両親は、知的な水準が高い人々のように思われるのに、彼らの一方的な決定が子どもを苦しめるかもしれないことには、本当に気づかなかったのだろうか、と関根は問う。相応に寛容であり、子どもや孫に対して何くれとなく世話を焼き、骨を折ることをいとわなかった人たちが、なぜ「まあ頑張ってやってみろ、だめなら次を探せばいい」くらいのところまで後退してみることすらできなかったのか。実際には、それでもほぼ間違いなく同じ結果を得られたと思われるのに。

自分たちの行動に対する合理化、たとえば「現時点での強制が子供の将来には役立つ」などという見解は、もしそれがはっきりと示されるなら、偏った点があるにせよ一つの普遍的な思想である。「ところが、日本の場合には、こうした事柄は決して意識的に口にのぼせられない。一番重要な動機や原則は、いつでも隠されているのである。だから、ことに子供にとっては、自分の置かれている状況やそこにある問題点を把握することが非常に難しくなってしまう」と関根は言う。そのとき、親に対して子どもがとることのできる選択肢は、従順な承服、いやいやながらの承服、やみくもな反抗の三つしかない。いずれにせよ、子どもには本当の選択権がない。「私がとったのは、……最初の態度だった。だから、その結果として生じた苦痛については、そのすべてを、まるごと全部を、個人的なもの、つまり、「僕だけの問題」として処理していくしかなかった。そのようにして私は、自分の感受性や感覚を、また、イノセンス、無垢を、そして何よりも私自身のものであって取り換えのきかない独自の「心」と「声」を、みずからのうちに封じこめられる限りは封じこめ、どうしても手に余る部分についてはやむなく、断ち切り、切り捨ててしまったのである。私のような人間にとって、それがどれほどの苦痛を伴うことがらだったか、わかって頂けるだろうか。少なくとも、想像して頂くことができるだろうか。しかし、それは私が何とか自分を保ち、そして守っていくための、おそらくは唯一の避けられない方法だったのである」(同書、一三九―一四五頁)。

もちろん彼は、少年時代に上述のすべてを理解できていたわけではない。ただ「どこか間違っている、いくら何でもこれでは苦しすぎる」とは感じていた。大人たちの言葉の中に当人にも意識されていない欺瞞があることには気付いていた。「ただ、それを意識にのぼせることができなかっただけであり、意識化しなかったのは、自己防衛のためでもあった。もし私がその時点でそれを試みていたら、私と両親との関係は決定的に危機的なものとなり、彼の自我は壊れてしまったかもしれない。私の無意識がとった選択は、それなりに賢明なものであった」、と関根は述懐している(同書、一四六頁)。

母はしばしば、幼い彼に「お母さんを好きか？」「誰が一番好きか？」と尋ねた。そのような質問の息苦しさが、「母の愛にどこか不安定なもの、純粋に無私とはいえないものがあるのではないか」という不安を幼い彼に呼び起こした。彼女は、こうと決めた方向に頑固に、念入りに、しかし決して強い言葉や態度を用いないで、必ず子どもを誘導しようとした。兄が親のいうことをきかなくなったのも、おそらくはその誘導を嫌ってのことであったのに、両親は自分たちの配慮の不足が原因と誤解したために、「母の誘導は、私に対しては、これ以上はないほど細心に行われるようになった。それは日本の社会に伝統的なものである、非権力的な強制の、……隠されてはいるが、実際には極めて強力な権力の行使の、いわば小型圧縮版だった。私は、それがどんなに避け難く、まためらがい難いものであるかを、身にしみて知った。程度がはなはだしい場合には、それは、感じやすいところのある子供にとっては、「真綿で首を絞める」という表現を地でゆくものとなりかねなかった」。

深夜、大学受験の勉強に取り組んでいると、彼が眠り込んでいないかどうかを確かめずにはいられない母が、二階に通じる階段をそっと上がってくる。「私は、ずっと後になってからも、深夜に一人で机に向かっていると、遠くからその足音が聞こえてくるような気がして、ふっと心が寒くなることがあった」(同書、一五〇―一五二頁)。

父は、母以上に、自分の意見や行動に対する強烈な自信を持っていた。「父の確信はいつでも論理的であり、絶対的であり、揺るぎなかった。決して誤りのない寛容な権力、それが父だった」

「母の、いくぶん強迫的で融通のきかない心の持ち方と、父の、人情の機微を理解しようとしない頑なな合理主義とが分かち難く結び付いて、私の家庭の心理的な問題のコア、核を形作っていたことは間違いない。ある意味で、私は、この核を破壊し、その外に出るために、(四〇歳になって)最後には、激しいうつ状態をくぐり抜けなければならなかったともいえるのである」と彼は書いている。

父のもう一つの問題は、物事に対する皮肉な見方、すなわちシニシズムだった。高い能力を持ち、存分に自己主張もしたかった人間が、その機会を奪われてしまったために、不満は内向して鬱積し、世間に対する憤懣や冷笑癖となって現れた。子どもの彼が子ども向けの漫画やたわいないテレビ番組を見ていると、「父は、まず、軽くあしらうような皮肉を言い、やがて、なぜこんなものが面白いのかと尋ね、次には、皮肉と質問を交互に繰り返し、それは、私がスイッチを切ってしまうまで止まらないのだった。そういうわけで、小学校を卒業する頃には、私は、一切テレビを見なくなっていた」。また、たとえば母と彼が言い争いをしていると、父は啄木の歌を引用して「猫を飼はばその猫がまた　争ひの種となるらむ　悲しき我が家」などと、傍観者の高みから半畳を入れるのだった(同書、一五三―一五七頁)。

「そんな日々を重ねるうちに、私の心は次第にすさんでいった。わがままになり、人の心に共感する能力を失っていった。……ふと気がついてみると、幼い頃には十分に持っていたはずのやさしさを、私は、もう、持っていなかった」。両親は世間をさげすみ、見下しているようでありながら、決して世間を受け流すことができなかった。子どもに対して世間の冷たい風を必要以上に誇張して浴びせかけ、受験のたった一度の失敗はすなわち世間への屈伏を意味し、あの恐ろしい世間にお前が裸で出ていかねばならないことを意味している、という脅しが、意図されたものではないにせよ、いつも彼の前にちらついていた。「自分ながらよく持ちこたえたものだと思う。もしも私がただ素直で温和な少年であったなら、あるいは平均的な精神力の子供であったなら、遅くとも大学に入る前、ひょっとしたらもっと早い時期に、人格がそこなわれ、崩壊してしまったとしてもそれほど不思議ではなかったかもしれない」。高校時代をクールに、研ぎ澄ました刃物のように送った経験の中で「私が失ったものは大きかった。みずからの知的な能力を自由に、かつおおらかに用いる技術、心の豊かさやゆとり、人を愛する力、本来はそうしたものを育てるために用いるべきエネルギーのかなりの部分を、私は、こうした悪戦苦闘のために消費してしまったのである」(同書、一五八—一六三頁)。

「十代後半の私が意識していた問題は、大きくいって四つあると思う。……その三つ目の問題とは、自分の中に避けがたいものとしてある悪とは何なのか、……それは何を意味しているのか、ということだった。四つ目の問題は、私がみずからを守るために自分の内に封じこめ、あるいは断ち切ってしまったイノセンスとはどういうもので、どんな価値があるのか、ということだった。これらの問いは、今もなお解けていない。おそらく、私は、これから先もずっと、それらの問題の存在を感じ、それについて考え続けてゆくことだろう」（同書、一六四―一六五頁）。

悪について考える最初の糸口になったのも、両親を始めとする周囲の人々の言動だった。たとえば、両親が、もしも自分の中にある悪を意識することができたならば、子どもたちに対する態度を抑制することが可能になったのではないか、と彼は考えた。「悪の存在を否認し、しめ出してしまう場所には、本当の意味での思想が成り立つ余地はない。悪は、事実として存在するのだから、それを排除し、存在しないものとみなすことは、結局は、悪を野放しにするか、あるいは自分以外の人間にかずけることにつながっていく」。彼の母は、自分や自分の子どもが悪をなすことを極端に恐れていた。彼女の厳格な教育のために、小学生の彼は、自転車の車輪が跳ね飛ばす小石がどこかの玄関ガラスを割ってしまうのではないか、という不安に取りつかれて、一時は自転車に乗ることすら苦痛だった。「日本人に非常に多い神経症の大半は、この種の過度の潔癖さから生じた、その意味では半ば社会的な病であるともいえるのだし、また、私達は、悪の存在をはっきりと認めることができないために、正義を掲げ、主張する言葉には、いつでも極端に弱いのだ」（同書、一八四―一八七頁）。

関根の苦痛にみちた生活史に関するまとめは、このくらいで十分だろう。表面的に見る限りでは、岸田と関根の人物像や生活のスタイルは天と地ほどにかけ離れている。それにもかかわらず、彼らはともにうつ病と強迫観念に悩まされ、周到な自己分析の末にその起源を少年期の親との関係に見出している。彼らから見た親の振舞いの内実は、外見の「愛情深さ」とは裏腹に、きわめて隠微で強力な支配であり、前章で述べたペックの「邪悪性」に合致するものであった。彼らがそもそも「人の心を研究する」心理学者や「人の行為の善悪を判定する」裁判官という職業を選んだ無意識の動機もまた、この親子関係に遡ることができるだろう。彼らはともに、「それを書かなければ自分は神経症状態から脱出できない」という強い意識に縛られていた。すでに十分な社会的地位と専門分野での評価を勝ち得た成年期に至ってなお、少年期以来の親子関係を蒸し返し、糾弾しなければならないところに、この問題の深刻さがある。

この他にも、たとえば哲学者の中島義道(一九四六年生まれ)が自分の生活史を詳細に語って、少年期のチックや恐怖症や離人症体験、東大に入ってからの「うつ病」や不登校や度重なる進路変更、社会に出て以降の「人間嫌い」「世間嫌い」の完成を、関根裁判官と同様に、父母および両家の「虚栄をたっぷり吸いながら育ち」、「窒息するような」家庭環境の中で東大法学部を目指したプレッシャーと結びつけて論じている(『孤独について』文春新書)。彼らはみな、親に期待され大切に育てられた子どもであった。親の欺瞞を鋭く感じながらもそれに対抗できず、その影響を自らの人格形成に取り込まざるを得なかった人々なのである。

柄谷行人（一九四一年生まれ）は、わが国の家父長制の特徴を、欧米や韓国のそれと比較して、子どもを拘束する親が、その前にまず子どもに拘束されている点に見ている。柄谷は言う。日本では、子どもが何か起こすと、必ず親の責任が「世間」から問われるという構造になっているから、親は一見すると権力を持って威張っているけれども、実は子どものことでびくびくし、いつも子どもの犠牲になっている。親は子どもの将来に責任を感じ、子どもを大事にするということで子どもを拘束し、そしてそのことで自分が拘束されている。日本の母親は、子どもに「――するな」というよりも「お願いだから、――しないで」という。そのとき子どもは、命令されるわけではないけれども、別の縛りを受ける。このようなところでは、まずもって親が大事だと言わなくてはならない。太宰治が述べたように「子どもよりも親が大事」ということが、結果的に子どもを大事にすることになる（『倫理21』平凡社、二四―二七頁）。

自己愛性人格障害の「邪悪性」変種（ペック）

岸田と関根が「子どもの立場」から言いたかったことを「客観的立場」からまとめたものが、前章でも引用したペックの次のような叙述であろう。以下、要約しておく。

精神医学的にみた邪悪性とは、自分自身の病める自我の統合を防衛し保持するために、他人の精神的成長を破壊する力を振るうこと、と定義することができる。簡単に言えば、他人をスケープゴートにすることであり、犠牲になるのは大半が子どもである。邪悪な人間が選ぶ見せかけの態度に最も共通しているのが、愛を装うことである。これは、それと全く正反対のものを隠そうとするものである以上、当然のことである。彼らの見せかけは、相手をだますと同じ程度に、自分自身をだますためのものである。世の中には愛情をもっていない親がざらにいるものだが、そうした親のすべてが邪悪の名に値するわけではない。自分たちのナルシスティックな自己像を守るために、限度なく子どもをスケープゴートにするような人々が問題なのである(前掲『平気でうそをつく人たち』一四四、一六七頁)。

邪悪な人々の中核的な欠陥は、罪悪そのものにではなく、自分の罪悪を否認して自分自身の邪悪性を他人に投影する点にある。通常の犯罪者たちの悪にはどこか開けっぴろげなところがあるのに対して、邪悪な人たちの「犯罪」は表面に現れない隠微なものである。彼らは他人が自分をどう思うかについて鋭い嗅覚をもっていて、他人から善人と思われることを強烈に望んでいる。完全性という自己像を守り、道徳的清廉性という外見を維持するために強い意志をもって絶えず隠し事をしたり、他人を犠牲の羊として恥じないのである。立派な体面や世間体を獲得するために奮闘努力し、地位や威信を得るためには大きな困難にも甘んじる。「堅実な市民」である彼らに耐えることができないのはただ一つ、自分自身の罪深さや不完全性を認識することの苦痛である。彼らは罪悪や不完全性の意識に耐えようとせず、自分の邪悪性の証拠を消し去ることに専念しているのである(同書、九四―一〇一頁)。

邪悪な人々は、自分の悪を否定しなければならないのであるから、世人と衝突したときには決まって他人を悪とみなさざるを得ず、いきおい他人の悪にはきわめて敏感で、道徳に喧《やかま》しい人物となる。彼ら自身は人並の罪の意識や自己批判・自己嫌悪の感情を欠いていて少しも苦しまないから、精神科の患者となることはない。その代り、彼らの隠微な支配と「相手の身になる思いやりや共感の驚くべき欠如」に慢性的に曝され続けた家族の一員が、うつ状態や非行といった症状を発して精神科に連れられてくる。ペックは、邪悪な人々のこのような意志の中核に「悪性のナルシシズム」を見て、彼らを先に述べた「自己愛性人格障害」の一変種と位置づける。子どもや身近な人々を犠牲にすることの有無を判断基準にするなら、社会的に「道徳的」と評価されている人々が「邪悪な人」に転換する可能性がある(同書、九八、一七八頁)。

自己愛性人格障害の「邪悪性」変種は、以下の特性によって識別される(同書、一七九頁)。

(a)定常的な破壊的・責任転嫁的行動。ただし、多くの場合きわめて隠微な形をとる。

(b)批判その他の形で加えられる自己愛の損傷に対して、過剰な拒否反応を示す。
(c)立派な体面や自己像に強い関心を抱く。これがライフスタイルの安定に貢献する一方、憎しみの感情や報復的動機を隠すための「見せかけ」としても機能している。
(d)知的な偏屈性。これには、ストレスを受けたときの軽度の分裂病的思考の混乱が伴う。

「無垢」と「イノセンス」の相違

関根裁判官は、前章の症例と同じく、人間の悪を鋭く問題にする一方で、「幼年時代には所持していたが、一〇代以降に失われてしまった無垢」を対置している。父母からの隠微な支配に「従順に承服した結果」について、彼は「自分の感受性や感覚を、また、イノセンス、無垢を、そして何よりも私自身のものであって取り換えのきかない独自の「心」と「声」を、みずからのうちに封じ込め、どうしても手に余る部分については、やむなく、断ち切り、切り捨ててしまった」と激しく悔やんでいる。さらにまた、「(一〇代後半の私は、)自分の中に避けがたいものとしてある悪とは何なのか、……私が、みずからを守るために自分の内に封じ込め、あるいは断ち切ってしまったイノセンスとはどういうもので、どんな価値があるのか」という問題を強く意識していた。関根にあっては「イノセンス」と「無垢」という二つの言葉が、とくに区別されることなく、「自分独自の心の声」と等置されているようである。

筆者自身も、前章では「イノセンス」と「無垢」を区別しなかった。語源を詮索していろいろものを論じるやり方は、あまり好きではないし、その能力も私にはないのだが、「無垢」の原義が「煩悩を離れて汚れのないこと」「俗情の汚れを去って清浄な境地にあるさま」を意味する仏教用語であることには言及しておく必要があるだろう（杉谷葉坊氏のご教示による）。純粋でまじりもののないこと、うぶなこと、といった「無垢」の意味合いは、二次的に派生してきたもので、「無垢三昧」（太平記・一八）と言えば、「妄念を離れて心を静寂にし、一事に精神を集中して心の鏡に映る実相をみきわめる」といった、子どもには到底なし得ない能動的な心境を意味している。それは、意志の力によって欲望を克服したところに到達し得る精神的な境地であって、「幼少期にその中にいたはずの幸福、あるいはその状態への憧憬」といった、過去の幸福へ遡ろうとする受け身の心的態度とは根本的に違っている。

他方、「イノセンス」の方は、「傷つけない」「害を与えない」という意味のラテン語innocentiaに由来する言葉であって、そこから⑴「無罪・潔白」と⑵「純潔・汚れのなさ」という二つの意味が出てくる。後者はさらに、⑶「無邪気・天真爛漫・あどけなさ」から「無害・お人好し・単純・無知」といった意味へと拡がってゆく。これらの意味をすべて結びつけたところに、「単純で無邪気な幼児期にのみ実現される（と考えられた）無知とあどけなさが、人間にとって一切の罪と汚れを免れた理想的な状態である」と評価するかのような「イノセンス」解釈が生じてくるのだろう。

いずれにせよ「イノセンス」には、「無垢」にあるような「意志による克服・達成」といった意味合いが欠けている。カント的な意味での道徳や倫理に関係するのは、「無垢」であって「イノセンス」ではない。その点で、この二つの語は使い分けた方がよいように思われる。「無垢」が「イノセンス」と同一のものとして解釈されていること自体に、現代日本人のメンタリティが象徴されているのかもしれない。

「無知」、とくに青少年のそれは、やむをえないものである。しかし、「無知」を積極的に価値あるもの、何か善きものであるかのようにみなしてそこに居直るような態度は、倒錯的というべきだろう。「無知」が主観的に恥じられることなく、「知らないでいることの有利さや権利意識」が蔓延するような社会は末期的である。

「親から受けた心的外傷」という物語

近年、すでに大人の年令に達したアダルトチルドレンと呼ばれる人たちが、「幼少期に親の言動によって心に傷を受けた」と称して親を糾弾する現象が、社会問題化している。アダルトチルドレンは元来、アルコール依存症の親に育てられた子どもたちが、大人になって神経症症状を発したり、内的な空虚感を抱えて生きづらかったりする原因を、「子ども時代に親との関係で何らかの心的トラウマを負わされた」ことに求める概念であったが、今ではアルコール依存症患者の子どもに限らず、成人後の自己不全感の「原因」を小児期の親との関係へ回付しようとする者すべてに適用される概念へと拡張されてしまった。彼らが主張する幼少期トラウマの記憶が、果たして実際にあった客観的な事実なのか、主観的に作りあげられた「真実」にすぎないのかという問題は、アメリカにおけるように訴訟ともなればもちろん重要な争点となるが、大抵の場合は藪の中である。

この種の論争は、精神分析の黎明期から存在していた。フロイトは多くのヒステリー患者が語る「子どものとき、大人に性的に誘惑された」とする体験を、当初は客観的な事実と認めておきながら、数年後には「そのような記憶は、患者が作り出した主観的な幻想に過ぎない」と、考えを訂正することで幼児性欲論を作り出したのである。その後、フェミニストや女性精神科医たちは、フロイトのこの「路線変更」を、体制側に屈伏して不正を子どもの側に押しつけた、都合のよい隠蔽的理論とみなして糾弾を続けている。

そもそもアダルトチルドレンであるか否かは、専門家による客観的な判定の対象ではなくて、自己申告・自己規定がそのまま認められる、と言われている。生い立ちに関する自己の物語を作ることによって、「自分は悪くない、責任がない」と思うことができ、それまでの罪悪感を払拭させて自己のパワーと自信を回復させることに、この概念の主眼がある。

岸田が自己分析の結果、自らの強迫神経症と現実感や倫理感の欠如の起源を「自分のエゴを愛と信じ込ませた」母親の欺瞞に探り当てて、母親を「鬼畜」とまで呼んだことも、自分がアダルトチルドレンであることの宣言とみなすことができるだろう。私の臨床経験からみても、一部の神経症患者は親の虚偽をそのように激しく糾弾しなければ立ち直ってゆけないもののようである。

アダルトチルドレン概念に対する精神科医の反応には賛否両論あって、互いに感情的な対立をも含んでいる。筆者としては、この自己規定が患者自身に生きる力を与えるものならば是認することにやぶさかではないが、逆に自分の足で立つ力を奪って幼児的な依存性を増大させたり、やたらと他責的になってみずからの世界観を歪ませたりするようになるのであれば、もちろん賛成できない。

同じく幼児期のトラウマと呼ばれるものでも、その程度はピンからキリまである。ハーマンが「複雑性外傷後ストレス障害」と名づけたような、幼児期から加害者と同じ屋根の下に暮らして長期反復的に性的虐待に曝され続けた女性や、ベトナム戦争の激戦地で敵や味方の凄惨な殺戮、身体の損壊、拷問といった状況に曝された兵士などは、これまでに言及した諸症例よりも格段にひどい心的トラウマを負っていることは想像に難くない。そのような重症例に対しては、やはり「心的外傷の物語」作りを軸に自助グループ(小さな共同体)の仲間と繋がることで生きる力を獲得してゆく、といった治療戦略が、実践的には欠かせないだろう(『心的外傷と回復』みすず書房)。もっとも、養父から受け続けた深刻な性的トラウマでも、独特の人格形成によって克服してしまった内田春菊のようなケースもある。

その一方で、中学生たちがテストの答案にバツを付けられただけで教師に「心を傷つけられた」と抗議し、ナイフを開いて見せながら「何かすると疑うのは人権侵害だ」などと主張するほどに、「トラウマ」や「人権」といった言葉が政治的に用いられ、使用する者たちの生きる力を弱体化するようになってしまった現在では、「心的外傷の物語」を「アダルトチルドレンと自己規定することの効用」という理由だけで公認してしまったら、社会的・客観的な歯止めがなくなってしまう。ここでは程度の差が重要であって、その是非は個々のケースごとに検討すべき問題であろう。

どんな大人の心中にも、子どもの部分は生き残っている。それが状況に応じて時に突出してくることはやむをえないが、みずからの子どもの部分を「売り物」にして自己主張を展開することは反倫理的な姿勢だ、と筆者は思う。そして、たとえ重症の症例であっても、最終的には「心的外傷の物語」や「アダルトチルドレンという自己規定」への依存から解放されることが人間として望ましいことはいうまでもない。

「原因」と「責任」の混同

筆者がアダルトチルドレン概念を是認するとしても、それはあくまで治療用の戦略ないし方便としてである。「原因」に関するこの種の考え方が知的・認識論的に不当であり、「責任」に関するこの種の考え方が倫理的に不当であることは動かしようがないと思う。「外傷性記憶」という概念への認識論的な懐疑については、近年A・ヤングが周到な批判を展開している（『PTSDの医療人類学』みすず書房）。

わが国の土壌では、原因の追及が知的にキチンと行われずに、しばしば個人の責任論ですりかえられてしまう。それは、航空機事故や医療過誤に際して典型的に見られる事態であるが、原因が不明確なままでは以後の改善につながらないことは明らかであろう。航空機や医療の事故は、状況次第で誰でも起こす可能性があるという観点から、加害者の責任をひとまず棚上げにして原因の究明を図ることが先決であり、被害者の救済は加害者側と別枠の機関で即座に行われるべきであろう。そのような救済制度がないところでは、被害者側が訴訟を起こして長期裁判を招いたり、加害者に怨念を抱き続けることだけが人生の目的であるかのようになってしまったりといった二次災害を引き起こしてしまう。不幸にして子どもを殺された親などが協力して、支払われた賠償金から今後の被害者救済のための基金を作ることができたなら、それは亡くなった子どもの供養にもなる使途と言えるのではないだろうか。

かりに原因の多くがある個人に収斂するように見えても、事故や子育ての失敗は一次的には技量の巧拙（優劣）の問題であって、善悪の問題ではない。そこに即座に善悪の基準をもちこんで当事者を悪人ないし犯罪者扱いするならば、当事者が防衛的になるのも自然のなりゆきで、結局は原因が探り出せなくなってしまう。責任を問われて処罰された人も「運が悪かった」と思うのが関の山で、真の反省や技量の改善にはつながらないだろう。

発病の「原因」ともなれば、突発的に起こる事故にはない複雑さをもった多重の連鎖を形成していて、単一の原因を特定できないことがむしろ普通であろう。柄谷行人は心的外傷の原因性をアルチュセールのいう「構造論的因果性」とみなしている。以下、彼の意見をまとめておこう。

自然科学における「因果性」は、AであればBになるということであるのに対して、「構造論的因果性」は、Bという結果があったときにのみAという原因が見出されるということで、AはBを規定しない。ある症例にAという原因が見つかったとしても、AであるならばBになる、ということには決してならない。だから、Aという原因が見つかっても、その責任は問えない。親からひどい目にあっても、それがトラウマにはならず、発病もしないケースが多いのだから、これを一つの因果法則のように考えるのは間違いである。

病いの「原因」というのは、発病したときにのみ遡及的に見出されるのであって、一定の原因があれば同じ結果が出てくるというようなものではない。したがって、原因がわかったところで、必ずしもその認識を育児や教育に応用できないし、そのような原因の認識は当事者の責任を追及することとは別の問題である。かつての親の振舞いが原因であることが判明したとして、その親を責めても仕方がない(前掲『倫理21』四二—四五頁)。

ある出来事に関して、原因を知ることは認識の問題であり、その責任を問うことは実践(理性)の問題である。これを区別しないために、責任をまぬかれるために認識を避ける人たちや、「責任」を声高に叫ぶばかりで「原因」を問おうとしない人たちが出てくる。認識の領域と倫理の領域、カントの言葉で言えば自然の領域と自由の領域は、別々に独立してあるのではない。同じ一つの事柄が、認識の対象であると同時に、倫理的な判断の対象として現れるのである(同書、五三—五四頁)。

自然法則に支配される因果的必然性や認識における決定論(自由のなさ)と、人間の行為における主体の自由とは両立する、とカントは考える。確かに人間は、いかなる時点においても自然必然性に支配され、私は私の自由にならないものによって行為を規定されている。殺人者の裁判では犯行に至った原因が争点になり、彼の犯罪には確かにさまざまな原因の連鎖が見つかるだろう。原因による不可避性だけを見れば、彼は自由な主体ではなく、したがって責任がないことになる。しかしカントは、原因の自然必然性にもかかわらず、この犯人に「自由」があり、犯行に対する責任がある、と考える。実践理性を行為の原因とみなす立場から「行為者の以前の行状や過去の条件の系列は度外視してよい、今度の行為に対しては、この行為よりも前の状態は全く条件にならない、と考えてよい」(『純粋理性批判』(中)岩波文庫、二三五頁)と主張するのである。

われわれは、自由を括弧に入れたときに自然必然性の世界を見出し、自然必然性を括弧に入れたときに自由を見出す。人が何かを行ってしまったら、それがどんなに不可避的なものであろうと、倫理的に責任がある。それは「自由であれ」という当為(義務)があるためで、彼に事実上自由はなかったにもかかわらず、自由であったかのようにみなされなければならない。つまりカントは、道徳性を「善悪」にではなく「自由」にのみ見出す。自由とは自己原因的であること、主体的であることと同義であって、自由がないならば主体も責任もなく、そこには自然的・社会的な因果性しか存在しない(同書、七〇―七四頁)。

筆者も、この柄谷の見解に基本的に賛成である。上記の殺人者に関して言われていることは、アダルトチルドレンにもそのままあてはまるだろう。因果認識の問題と行為責任の問題は、区別されなくてはならない。「心的外傷の原因性」に限らず、現代人は自己形成に必要とされる「他者からの承認」の意義を余りにも高く見積もり過ぎているように私は思う。そうした高い値踏みは、いつも事後的・遡及的に行われて、もともとあるべき承認の欠損としてしか当事者には感じられないのが常である。そのとき、「他者からの承認」の希求は、「他者から全面的に承認される」権利意識へと直線的に転化しやすく、それは自己愛性人格障害者の他者関係を特徴づける病理となってしまう。このような希求は、あらかじめ失われている「理想の親」と「幼児期における自己の無垢」を理想化するものであって、それを信じる当事者の生きる力や自由と責任意識を弱めてしまう危険性があるのではないだろうか。育児に相応しい現実の母親は、我が子との関係の他にいつもさまざまな葛藤やエゴイズムを抱えた「ほどよい母親」(ウィニコット)に過ぎない。そのような親に育てられた子どもであっても、人は強く生きられると思うところに、人間の自由が存在するのである。

ちなみに、カントは「性格」というものを、自然的「天性」や「気質」あるいは感性的な主観に認められる現象としての「経験的性格」から区別して、感性の制約や時間による規定から自由な、理性界の「可想的(intelligibel)なもの」とみなしている。経験的な「気質」が「人間を観察し、その行為の動因を心理学的に究明するための目安となる」のに対して、「(可想的)性格をもつ」ということは「確固とした内的原理ないし実践理性の法則にしたがって行為する」意志を後天的に獲得することであり、それは「自由を付与された理性的な人間を識別する印」として、自己や他者による能動的な規定とは一切関係なく、一種の生まれ変りのようなものとして、ある時点で一気に受動的に獲得される、と述べている(前掲『純粋理性批判』(中)二一二頁、および「人間学」『カント全集第一四巻』理想社、二六三、二七七頁)。

倫理、道徳、良心

ここで自己愛性人格や心的外傷患者における他者関係の問題を見直すために、「善悪」ではなく、「倫理」という観点について少し検討しておきたい。

「道徳」「倫理」「良心」といった言葉は、日常の場面では混同して使用されるし、学問的な記述であっても、論者ごとにやや異なった使われ方をされることが避けられない。標準的と思われる用語法を広辞苑や哲学辞典や和辻哲郎を参考に区別しておくと、「倫理」や「人倫」が社会の成立を可能にするための共同体的な規制原理という点に重きがある一方で、「良心」は純粋に内的・個人的な規制原理を意味する言葉である。そして「道徳」は、両者の中間にあって、ある時は個人の内面の方に、ある時は社会的側面の方に引きつけて理解される概念といえるのではないだろうか。

すべての論者がこのような「標準的」用語法に従っているわけではないが、これらの言葉を区別して別々の意味を持たせようとする傾向は、多くの論者に共通して認められる。

たとえば社会学者の宮台真司(一九五九年生まれ)は、「「良心」という抽象的な観念は、神のまなざしを前にした「倫理」と、共同体のまなざしを前にした「道徳」という、排他的な二つの類型に分割できる」と言う。日本社会はもともと、一神教的な「父なる神」が存在しない「倫理」なき社会だが、近年では共同体の崩壊によって「道徳」も失われた社会となり、「良心」の基礎が消失してしまった、とするのである。宮台のこの用語法には、筆者は疑問を感じざるを得ない。なぜなら、神が存在しないはずの我が国でも「職業倫理」や「医療倫理」といった言葉の方が「職業道徳」や「医療道徳」よりも人口に膾炙《かいしや》しているし、「キリスト教道徳」という表現もまた一般的である。さらに「良心」の一次的な意味は、決して抽象的な観念ではなくて、個々人の生々しい体験ないし心的現象としてしかあり得ない、と思うからである。そもそも「倫理」と「道徳」は、重複する部分が存在する二つの次元であって、両者を「排他的な二つの類型に分割できる」という発想自体に無理がある。

ラカンのセミネール第七巻は「精神分析の倫理」と題されていて、そこでは倫理が、観念や理想の領域にではなく、現実界に対する人間の関係の次元にあるとされている。欲望は、(シニフィアンの作用によって)対象を超えて価値の形成へと向かう。精神分析の目的は、患者が要求する「善」としての幸福を約束してやることではなくて、分析者と被分析者の双方を、抵抗に逆らってものへと接近させ、欲望を純粋に顕わせしめることにある。「善」は、個人を隷属状態に置いて支配するための「権力を維持する側の倫理」であって、ものへの接近の障害になる。精神分析的に倫理的であるとは、欲望に忠実に行動して現実界との出会いを目指すことである。しかし、ものへと向いた倫理は共同体の法を侵すために、主体がものとの再会を求める欲望に従うとき、必然的に悲劇の次元へ導かれてしまう。このようにラカンの「倫理」観は、著しく非社会的で自己破滅的な面をもっている。

柄谷の「倫理」と永井の「倫理」

柄谷行人は、「道徳」という言葉を通常の意味で、つまり共同体の規範が課す「善悪」の意味で用いる一方、「倫理」という言葉をカントが道徳と呼んだものに当てている。すなわち、柄谷の用語法における「道徳」とは前章で筆者が道徳(a)と呼んだものであり、「倫理」とは道徳(b)を意味している。彼の主張のポイントは、倫理とは「善悪」の問題ではなくて「自由」の問題である、とみなす点にある。

柄谷によれば、「自由」とは、他に原因がなく純粋に自発的・自律的であることをいう。道徳的な善悪は、共同体の規範に従うものであるから他律的であって自由ではないし、個人の幸福の実現を善とする功利主義は、身体的な欲求や他者の欲望に規定されているから、やはり他律的であって自由ではない。これに対して倫理は、「自由であれ」という至上命令(当為)に従おうとする意志である。それは原因に規定される「自然」の世界や認識のレベルから出てくるものではなくて、実践的な倫理の次元にのみ存在する。

知的認識の次元、生物的自然の次元、資本主義経済に即した功利的次元などでは、われわれは他者をモノとして、手段として扱うことが避けられない。それに対して自由は、決して「自然」から出てくるものではなくて、それらを括弧に入れた倫理の次元において、義務や至上命令に従うことにおいてある。「自由であれ」という命令、「他者を手段(自然)としてのみならず、同時に目的(自由な主体)として扱え」という命令は、当為(義務)であるがゆえに可能なのである。しかし、この「至上命令」がどこからやって来るのかは、だれも語ることができない。そもそも倫理や他者の問題は、認識や知に先立った領域であるのだから。

倫理哲学者の永井均(一九五一年生まれ)は、「倫理」と「道徳」の次元を区別し、前者の方をより基礎的な水準とみなしている。「倫理」とは、神のまなざしの有無などとは関係なく、『人』の成立を可能にする条件なのである。ここで『人』とは「自己知の主体、かつ自己知にもとづいた自己利益の主体」と定義され、その定義に従えば幼児や狂人は倫理的に『人』ではなく、ウルトラマンは『人』である(『〈私〉のメタフィジックス』勁草書房、九七―九八頁)。「倫理」の水準では、自己利益の合理的な追求、すなわちまともに利己的であることが、実は所与ではなくて課題なのであり、この課題をあたかも所与であるかのように受肉した主体＝『人』に対してのみ、「道徳」の要求がさらなる課題として課せられることになる、という(同書、一三六頁)。一方、道徳の要求の本質は、各人の自己利益の追求に調停的な制限を加えることにあり、その制限の仕方を規定する二大原理が、ミル流の「功利性の原理」とカント流の「普遍化可能性の原理」ということになる。永井の議論を、以下に概観しておこう。

永井の議論の主題は、『人』の成り立ちの解明であり、〈私〉が『人』として生きるときに被らざるを得ない超越論的な拘束条件の解明であるために、彼本人も言っているように、いわゆる倫理学の問題意識からみれば異様なほど「自己知にもとづく合理的な自己利益」の課題性を強調していて(同書、一五一頁)、やや難解である。これを筆者流にわかりやすく言い直せば、人間は社会人として生きるかぎり、合理的なエゴイストでなければならない、エゴイストであることが「倫理」的なのだ、ということであろう。いわゆる利他的な行為は、その「真の」動機が何であれ、本人が精神的満足を得られるのだから、利己的な行為とみなされてよい。『人』は本質的に自己利益(利己)的でしかあり得ない。自己利益に貢献しないことを意志的に行うことは、定義上できないのである(同書、一一九頁)。

人間社会が維持されるためにはいくらかの「道徳」が機能している必要があるけれど、社会の成員がその道徳を遵守する根拠がさらに道徳的である必要などは全くない。つまり、「道徳への服従が、奴隷根性や虚栄や利己心や諦念などを動機としていて、それ自体は少しも道徳的でない」とするニーチェの指摘は当たっているのだが、道徳性とはそもそも利己性を制限することを機能目的とした社会的制度なのだから、ニーチェのように道徳に過大な潔癖さを要求すること自体が、実は不当なのである。「善なる嘘」としての道徳は、「それなしではある種の生物が生きられない誤謬」であり、必要悪ならぬ「必要嘘」と考えられる(『〈魂〉に対する態度』勁草書房、一六、四三頁以下)。

しかし、われわれは道徳規範が存在している世界、つまり道徳的に行為することが推奨される世界のなかに生まれつき、その内部で『人』となるのである(前掲『〈私〉のメタフィジックス』一六〇頁)。将棋をしない人が将棋で負けることはあり得ないが、道徳ゲームに参加しない人はそのゲームの規則によって負けを宣告される。道徳学者もまた、実は戦う前に勝っているのである。およそ数学そのものの正しさを否定する観点があり得ないのと同様、道徳性一般の正しさを否定する立場もあり得ない(同書、一五四頁)。だから、『人』は多かれ少なかれ道徳的な善さそのものに(それが道徳的に善いとされているという、まさにその理由によって)魅力を感じるはずなのである。そう感じるであろう根拠が『人』の成り立ちそのもののうちに内蔵されているからである。他方、道徳的に善いとされた内容そのものに(それが道徳的に善いとされていることによってではなく)魅力を感じるとすれば、それはむしろ無意味な欲求(衝動)に属する事柄である(同書、一三九頁)。

理にかなったこと・意味のあることとは、道徳的な善ではないが、倫理的にはそれだけで何かよいことなのである、と永井は言う。それに対して、無意味・無理由・無動機な行為は、道徳的な悪ではないが、倫理的にはよくないことである。というのは、『人』の成立にとって最大の脅威は、道徳的な悪(理由が共同体的に理解可能な、ウソや虚栄といった悪)ではなくて、「自己知にもとづいた自己利益の主体」であることを放棄するような倫理的な悪、すなわち無動機・無理由・不条理の方だからである。理由のない殺人は怨恨による殺人よりも倫理的には悪いことなのである(同書、一三四頁)。

カミュの小説『異邦人』の主人公が、無理由にアラビア人を殺し、母親の葬儀に悲しみの素振りを見せなかったことで死刑に処せられた問題について、永井は次のように述べている。ムルソーは、あらゆる理由づけを拒否することによって自己欺瞞から免れることができた。彼は嘘をつくことを拒否した。だが、この潔癖症は、それが貫かれれば『人』の解体につながりかねないものだ。それに、ここで嘘と言われているものは、道徳性の水準で問題になる嘘とは違って、「自己知にもとづく自己利益の追求」という倫理的な要請を否定するものである。ムルソーは道徳性の水準で(すなわち、いったん自己知にもとづく自己利益の合理的追求という倫理的な要件を充たした後で、その追求の仕方を規制する際に問題となる次元で)課せられるべき(「嘘をつくなかれ」といった)要求を、倫理の水準でみずからに課し、自己解体に陥らざるを得なくなったのである(同書、一三六頁)。

夜中に路上で意味もなく跳びはねるといった衝動的な行動は、誰の身にも起こり得る。しかし、彼がいったん警官から職務質問された場合には、「体操をしているのだ」といった、共同体の承認を得た概念によって無理由から出たこの自分の行為を正当化できなくてはならない。「跳びたいから跳んでいるのだ」という答え方は、警官を納得させるものではないから、自分自身をも納得させることができないのが普通である。無理由な欲動から出た行為は、誰に害を与えることがなくても何かよくないことであり、自己利益の追求に適っているものとして事後的に合理化、つまり倫理的に正当化されなければならない。『人』の社会では、人々の理解を拒絶する行動は『人』でなしのすることである。狂人は倫理を無視するという点で、道徳上の悪人よりも根源的な悪人なのである。逆に言えば、狂人こそ『人』の成り立ちそのものを根底的に問題化し得る唯一の存在者であって、『人』は狂人に自分の成立の脆さと危うさを見るわけである(同書、一二七、一三四―一三五頁)。

「倫理」なき人間の出現

永井と柄谷は、道徳的な善悪とも無垢とも違う水準に「倫理」を考えている点では一致するが、「倫理」に関する考え方自体は著しく異なっている。柄谷の倫理は知的認識の領域から区別された次元にある一方、永井の倫理はむしろ知的認識の次元において発揮される。彼が、およそ負け戦になることは承知のうえで「道徳性一般の正しさ」を敢えて疑問視したり(同書、一五四頁)、自己知に関する議論の中で、痛みや怒りのような内的感覚を自己知ではないとするヴィトゲンシュタインの言語観に抗して、『人』は自分が痛みを感じていることやそれに関する発話が聞き手に言質を与えていることを知っているのでなければならない、と言い切る姿勢(同書、一〇五、一〇九頁)などに、筆者は知的誠実さと結びついた高度の倫理性を感じてしまうのである。

われわれは「倫理」を、柄谷＝カントのように「自由であれ」という良心の至上命令とみなすべきなのか、それとも永井のように『人』の成立を可能ならしめる「合理的なエゴイストたれ」という拘束条件と考えるべきなのか。筆者はいずれの「倫理」観にも大いに道理を感じてしまうのだが、筆者の選択の困難は、知的な領域における決定不能というよりも、やはり筆者自身の実践的・倫理的な姿勢を反映したもののように思われる。

柄谷のいう「倫理」、つまり「自由であれ」という良心の至上命令に従う意志は、そもそも他人に強制できる性質のものではない。「内面の道徳」とか「良心の法廷」といったものが、ニーチェが示唆したように宗教により社会的な制度として捏造されたものであるとしても、筆者の世代までの人間には「良心のやましさ」という言葉を聞けば何かしらピンとくるものがあるだろう。実践理性において「良心の声が定言命令としてわれわれの心中に響きわたる」(カント)とか、「日常的な頽落のうちにある現存在を、良心の呼び声が本来的な自己存在可能(負い目存在)へ向けて呼び起こす」(ハイデッガー)といった文章を読むと即座に何ほどかを理解するように、われわれは育ってしまっている。それは柄谷流の「倫理」や「良心」という現象に一種の根源的な普遍性がある証拠とも言えそうだが、そのような「良心」が今日の若者たちにも受肉化されているかどうかははなはだ心許ないのである。筆者以前の世代にしたところで、「人殺しに追いかけられて我が家に逃げ込んだ友人を人殺しが尋ねてきた場合でも、ウソをつくことは罪である」(カント)とか、「世界の無という不気味さの中で、絶えず死への存在としての自己を覚悟する」(ハイデッガー)といった地点まで「良心」が絶対的な形式として要請されるとなると、その受容に二の足を踏まざるを得なくなってしまう人が少なくないことだろう。

他方、永井の倫理観は、今日の社会で失われつつあるものをかえって浮かびあがらせているように思われる。凶悪事件が発生したとき、警察やマスコミは犯行の「動機」を真っ先に問題にする。合理的な動機や「原因」が判明すればひとまず安心、といった趣きだが、今日の日本社会では動機不明の犯罪や理解困難な暴力が頻発して、合理性に信頼をおいた人々の欲求が満たされなくなっている。殺人の動機を問われて「人を殺す経験がしたかったから」とあけすけに答えた豊川の少年の犯罪などは、永井的な倫理の意識を全く欠いた人間の出現を物語っている。「衝動的な行為は、事後的に合理化することで倫理的に正当化されなくてはならない」「警官を納得させない答え方は、自分自身をも納得させることができないはず」という『人』としての制約が、今や省みられなくなってしまったのである。

これはどういうことであろうか。人々の行為の動機自体が実際に薄弱になってきたのだろうか。それとも、動機や原因に合理性を求める社会の側の姿勢の虚構性が暴かれ、有効性をもち得なくなってしまったということなのだろうか。かつては言語による「意味づけの病」から少しでも自分を解放することが人々の課題となった時代もあった。今日、「意味づけの病」に生来罹ったことがなく、倫理意識から全く解放された人間の出現に対して、われわれはどのような態度をとったらよいのだろうか。起こった出来事の責任を自由意志で引き受けるカント＝柄谷的な倫理の主体も、嘘とは知りつつ事後的な正当化に走ることを自己義務として受肉化した永井的な『人』もいなくなってしまった「倫理」なき社会は、ひたすら法律によって規制されるしかないのであろうか。

フロイトは、普遍的「良心」の存在を「超自我」の形成の問題とみなした。前期のフロイトの考えによれば、良心ないし超自我は、エディプス葛藤を克服した結果もたらされる「父親の内面化」あるいは「共同体的な規範の取り入れ」である。しかし、後期のフロイトでは、前期のこの単純明快な見解が揺らいでいるように見える。「エディプス葛藤」と呼ばれるようなものが本当に普遍的に存在しているのかどうか、それは特定の社会が権力者による支配の手段として歴史上作り出した虚構にすぎないのではないのか、という疑義も今日では無視できない。実際、うまく機能している集団の中では、エディプス的な権威は発生しにくいように見えるのである。

「善悪」意識の希薄な若者における「優劣」意識の変容

前章の症例Kは、道徳意識の過剰に苦しむ、心優しく礼儀正しい青年であった。しかし、Kと同様の強い「自己愛」と「被嫉妬意識」に裏づけられた「他者への根本的依存性」は、道徳意識などとは無縁に見える「遊び」指向の若者にも観察される。この事実は、自己愛が道徳的な善悪よりも、倫理的な他者関係と深く関連していることを物語っている。最後に、そのような症例を提示して、現代の青年における「自己愛の病理」の根深さを再確認しておきたい。

〈症例　S〉

二一歳の青年Sは、「無気力というか、何かヤル気が出ない。人と接したくなくて、すぐに胸がドキドキしてくる」という訴えをもって来院した。無気力になったきっかけを尋ねると、「高校に入学した頃から自分のやりたいことがいろいろあったのに、まわりの目を気にしてやりたいことをせず、それを誰にも話さずに自分の中にためこんで、高校時代を過ごしてしまった。卒業をきっかけに生活を変えて、新しい自分を見つけようと思って、大都会の専門学校に入ったけれども、そこでも見つからなかった」と言う。筆者がそこで、「高校時代にはどんなことがやりたかったのか」と質問すると、患者はただ「もっと遊びたかった。中学のときの友達が、遊びの好きな奴ではなかったので、あまり遊ばなかったから、高校へ入ったら遊ぼうと思っていたのに、遊びどころか大人しい連中ばかりで、クラスが全然面白くなかった」と答えるばかりである。「どんな遊びがしたかったのか」と重ねて問うても、「どんな遊びって……、そう言われると思い浮かばない」としか答えない。「これまでに何かやって充実感を味わった体験」を尋ねると、「ほとんどないです。小学校の頃が一番楽しかった。中学になると、まわりの目を気にするじゃないですか」と述べる。そこで筆者が「まわりの目とは、主に親・先生・友達のいずれを意味するのか」と問うと、「友達」だと答える。「友達の目を気にする」という意識の内実をさらに尋ねてみると、「だもんで、弱みをみせたくない、という感じです」と言う。筆者が「友達に弱みをみせたくなかったので、友達の目を気にして、やりたい遊びができなかったの？　自分がやりたいことをやろうとすることが、どうして友達に弱みをみせることになるのかな」と突っ込んで尋ねると、驚いたことに、「だもんで、自分がまわりよりも先にやっていればいいんですが、まわりがすでに始めていると、そこへ自分が入っていって教えてもらうことができない」という答えが返ってきた。

患者の思考法が何となくわかってきたので、筆者が「理想的なのは、あなたがはじめた遊びにまわりの人たちが入ってくることなの？」と確認すると、患者は案の定「そうです。自分が常に優越感を感じていたい」「中学までは僕が早かった」と述べる。「たとえば、どんなことで早かったのか？」と問うと、「着る服や聴く音楽だとかですね」と答える。そして、「最近になって自分が遅くなってしまった」理由を、「高校時代にお互いに高め合う友達がいなかったからだ」と述べる。「それは、周囲の連中が服とか音楽に興味を示さなかったという意味ですか」という筆者の質問に、彼は頷いて「かと言って、中学のときの連中よりは、自分の方が進んでいるという気持ちがあったから、今さらそいつらと切磋琢磨しようという気はなかった」と付言する。「高校時代に、他の奴らにどんどん抜かされていってしまったから、今その連中に道で出会うことがイヤなので、外に出たくない」ということなのであった。

この症例の診断はいちおう「抑うつ神経症」として抗うつ薬を処方したが、問題の根はむしろ、彼の生き方やものの感じ方・考え方にあるように思われた。それにしても、筆者自身の友達意識や言語感覚と、この若者のそれとの間には驚くべき大きな隔たりがある。それを以下に列挙してみると、

(a)「まわりの目を気にして、やりたい遊びができなかった」という表現は、筆者の世代の人間にとっては、「まわりの目がないところで、密かに一人で自由に遊びたいのに、人目に立つことを恐れて遊べなかった」という意味に受け取られる。一方、この患者の場合、自分が「遊ぶ」ためには、(1)「まわりの目」が存在することが絶対不可欠であり、しかもその目は、(2)自分の趣味に追随し、それを羨み、彼に「自分の方が進んでいる」という優越感を抱かせてくれるような仕方で存在することが不可欠なのである(根本的な他者依存性)。

(b)ところで、彼がやりたいその「遊び」とは、これこれのスポーツとか音楽といった特定のジャンルがあるわけではなくて、友達を自分の土俵に招き入れることで「早い・遅い」競争に勝つことなのである。したがって、「どんな遊びがしたかったのか?」という私の質問は的外れになるし、敗者としての友達の存在が絶対に欠かせないことになる。

(c)友達との間で「お互いを高め合う」とか「切磋琢磨する」という言葉も、辞書的な意味から外れてくる。「趣味の遅れ」が即、自分の弱みを見せることであり、一緒に遊べなくなる事態を

もたらす。そういう「絶対に負けられない」競争では、切磋琢磨という関係は成立しないだろう。

「善悪」の意識が希薄な症例Sでも、「優劣」の意識が「好悪」の意識と結びついて快楽追求の手段と化し、「道徳的」な症例Kと同様に、自己愛の肥大と競争・嫉妬の意識や根本的な他者依存性にもとづく「うつ状態」を惹起している。彼もまた、共同体内の「他人からのまなざし」に完全に支配されているわけである。道徳意識の過剰な若者も希薄な若者も、倫理的でないという点では同一であって、彼らが精神的に失調を起こしやすい背景もその点にあるように思われる。

道徳的命題の自明性喪失

道徳的命題の絶対性や普遍性を、「良心」という主観の形式の中にではなく、対象となる命題の内容のうちに求めようとしたところで、それもまた難しい。いったいどんな命題が「絶対的な悪」として現代の人々の心に共有されているだろうか。「人を殺すなかれ」のような命題にしたところで、今日では無条件の善を主張することがもはや難しくなってきた。ある種の原理主義者にとっては人命を犠牲にしても守るべきものがあるように、諸命題の内容に対する道徳的判断は、特定の社会の歴史上の一段階で自明視された共有観念に従っているにすぎないとも言えるだろう。オウム真理教や酒鬼薔薇聖斗による殺傷事件は、「人を殺す」ことが無条件の悪と認められなくなりつつある時代の道徳意識を反映しているようにも見える。

われわれが今日目にしているのは、人々に長い間自明な「常識」とみなされてきた事柄が、次々とその自明性を失ってゆく有様である。この現象は、間主観的な事柄の自明性に対する人々の信頼がこれまであまりにも過剰に膨れあがっていたことへの反動とは考えられないだろうか。急激に変化するこの数十年来の社会に生きた人々は、テレビ・ファミコン・過激な広告等々を次々に押しつけられてきたが、当初は受け入れることに違和感を感じたり有害視したものの存在も、まもなくなしくずし的に許容して、当初にあった違和感を忘却しつつ日常生活の中に自明な前提として組み入れ続けてきたのである。それらを善悪判断の対象から外し、自我親和的なものとして人格のなかに取り込み、自明視してゆくことは、「適応」しなければ生きてゆけない現代人にとって不可避の選択でもあっただろう。今日広範に生じているそういった自明性の地崩れ的な崩壊は、「自明視」された事柄が過飽和に到達してしまった結果としての、逆行的なプロセスの発動とも考えられるわけである。二一世紀に入った今日、われわれが個人的な態度選択を迫られているものと言えば、たとえばインターネットへの関係のもち方ということになるであろうか。いわゆるＩＴ革命が新しい「価値」を生むものであるとすれば、価値評価があるところには必ず倫理的な判断が要請されてくる。

しかし、もともと少数の自覚的な人々は、当初の違和感を自明性の中に解消することなく保持し続けて、たとえばテレビを遠ざけ、危険とせわしなさが当り前の都会暮らしに背を向け、滅私奉公や出世主義が当り前のようになった会社への同一化を断念し、バブルに踊ることなく、個人的に可能な限り管理社会からのドロップアウトを図っていたのである。かつて「存在した」とされ、いま「崩壊」しつつあると言われるさまざまな事柄の自明性とは、何も自然に存立していたわけではなくて、特定の共同体内で「正常」な多数派の信頼をもとに、あたかも恒常的に成立しているかに見える間主観的な想像物に過ぎなかったのであろう。

倫理的な課題の増大

それでもなお、たとえばアウシュビッツの記憶の抹殺を決して赦し得ない「絶対的な悪」として糾弾し続ける道徳的な人々がいるように、精神医学は対人関係、とくに子どもとの関係に持ち込まれた隠微な欺瞞に対して絶対的に近い悪を想定することだろう。筆者はそれを、道徳や良心にもとづく悪への糾弾ではなくて、人間社会の成立に関わる「倫理的」な課題だとみなしたい。今日の科学技術の進歩は、従来はただ運命として与えられるばかりで人間の力では変えようがなかった事柄に対して、人間自身が操作し得る余地を一段と拡大してきた。これまでは自明かつ自動的に進行していた事柄に対して、各人が常に自由ではあるがしかし負担の多い選択を迫られる時代になったのである。たとえば出生前の遺伝子診断や脳死や臓器移植をめぐる条件などが、社会を維持してゆくうえで合意形成を要する「倫理的」問題として浮上してきたように、精神医学における実践的な善悪判断は、一次的には「倫理的」な課題であって、個人の「道徳」や「良心」の問題とは言えないのである。

精神科医はこれまで、他のことは顧慮することなく目前の患者のためにのみ最善を尽くせばよい、と単純に考えてきた。しかし、「倫理」とは何よりも共同体の外部にある他者への姿勢を問うものである以上、目前の患者と家族以外の人々の利益、とくにすでに死んでしまった者たちや将来生まれてくる子どもたちといった沈黙の人々の視点を、何らかの形で個々の治療関係の中に取り込む必要があるのではないだろうか。たとえば過食症患者の治療に当たる医師が、第三世界の人々の食糧難を自分の患者との治療関係の中に何らかの形で取り入れることができたならば、それは個別患者の治療にも大きな効果を発揮するのではないだろうか。倫理的な視点の排除による医師・患者関係の「甘え」ないし「緩み」こそ、現代病の治療を難しくする遠因になっているように思えてならないのである。

いずれにしても精神医学的に実効性のある善悪判断は、「道徳的」なものではなくて、反転可能性にも目を開いた、限局された領域における柔軟な「倫理的」判断でなくてはならない。「道徳の授業を復活し、善悪のケジメをしっかりと教え込む」といった解決方法が無力なことは、すでに明らかである。多様性の社会では、一元的な道徳観の支配はもちろん、善悪の観点が幅をきかせ過ぎること自体が、反倫理的なのである。道徳や善悪の意識は、「上からの説教」で教えられるものでもなければ、マニュアル化できる普遍性をもったものでもない。それは、子どもが具体的状況や仮言的条件のもとで、さまざまな悪を経験する中から身につけ、学び取ってゆくしかないものなのである。

イジメ、道徳、戦後民主主義

前述のように、「道徳」とは自分を律するためのものであって、他人に「従うように強制する」ことができる性質のものではない。そうした場合、「道徳」の性質は本質的に歪曲されてしまうだろう。小学校高学年から中学時代にかけて「いじめられっ子」であった切通理作(一九六四年生まれ)は、自分が「いじめ」を受けることになった原因を道徳教育へのみずからの加担にみている。すなわち、小学校の上級で担任だった女教師は、道徳教育に熱心な人で、ことあるごとに「反省会」を開き、「親切手紙」なるものを生徒に書かせては授業中に読み上げさせて、級友の行った「いいこと」と「悪いこと」を指摘し合わせた。口だけ、理屈だけ達者な子どもであった切通は、そういうときにはよく活躍した。先生が好むような「物語」を作っては発表し、頭をなでられた。自分が

「いじめ経験」を親に言うことができず、その後もずっと隠し通すことになるのは、この「親切手紙」のときの、おためごかしな自分の態度が周囲から復讐されたことを子ども心に感じ取っていたからではないのか、と切通自身は述懐している(『お前がセカイを殺したいなら』フィルムアート社、八一頁)。

そういう切通は、大江健三郎(一九三五年生まれ)の作品に典型的な「いじめられっ子の世界認識」を読み取り、このノーベル賞作家のとくに後期の作品群と生き方に、弱さを武器に、「いじめちゃ可哀相だよ」という周囲の温情を引き出しながら、自分の自意識過剰やケガレ意識を被爆者や被差別者に押しつけ、ひ弱な自我の延長にする差別的な心性、「大きな子ども」の非現実的な子宮回帰願望を指摘し、大江を「地球まるごと幼稚化計画」の先兵の一人として世界史に名をとどめる人物である、と論じている(同書、九五―一二二頁)。切通にとって大江は、善かれ悪しかれ戦後民主主義「道徳」を体現した人物ということなのであろう。

ペックのところで述べたように、「道徳」を強調する人ほど実は道徳的に怪しい点があるのだが、それをまた道徳的に非難するのでは同じ穴の貉《むじな》になってしまう。大切なのは道徳的な非難ではなくて、倫理的な批判なのである。永井均は『ルサンチマンの哲学』(河出書房新社)の中で、「いじめられっ子」や原始キリスト教徒が、たとえ不健康と言われようとも「善良さ」を志向し、「道徳ゲーム」を捏造してその中に人を引き入れようとすることを、他になす術がなかった弱者のやむをえざる選択とみなしている。道徳にすがって生きざるを得ない局面で発揮されるキリスト教的パワーの現代版が、いじめられっ子の道徳的行動であり、彼らの勝てるゲームこそ、内面化され、神秘化された「道徳」という価値のゲームなのである。この「復讐」装置を使えば、「憎むべき敵」は容易に「可哀相な人」へと転化する。彼らの愛の本質は、実は軽蔑なのである、と永井は述べている(同書、二七、一一六頁)。

われわれの時代は、この復讐がすでに制度化された時代であり、ハンストや自殺の仄めかしが恒常的に有効な闘争技法となり、われわれの社会の構成原理にまでなってしまった。問題なのは、ルサンチマンの今日的な形態が、「いじめられっ子」のやむをえざる「道徳ゲーム」の捏造を超えてしまった点にある。つまり、それは、すでにわれわれの現実社会を支配するに至った外的なルールの中で十分に闘うことができ、戦果を手にしているにもかかわらず、さらにもう一度、内的な弱者を装うことによって、内面のモラルの法廷の中で、今度は転倒した強者にもなるという、二重の勝利を味わう人々の「怨恨なき復讐」になってしまっている、と永井は指摘する(同書、三四、一一六―一二三頁)。摂食障害や手首自傷患者の急増は、そういう時代社会の産物と言ってよいだろう。

永井は言う。眼が見えないことや歩けないことは「障害」であり、はっきりと、悪い、劣った(schlecht)ことである。この価値秩序の存在を認めたうえで、それゆえに援助やその他の措置を要求するというのがマテリアルなやり方である一方、この価値秩序そのものをあたかも無いかのようにみなさせよう、というのがニヒルな闘争で、これが成就した暁には、差別的な扱いが完璧に消滅して、文字どおりまったく平等な扱いが実現するが、それゆえにどんな援助も得られなくなるはずである。この二つの闘争は原理的に両立しがたいのではないだろうか、と(同書、四二頁)。

小浜逸郎も、『「弱者」とはだれか』(PHP新書)と題する著書の中で、「弱者」というカテゴリーが、大多数の人がその領域へ踏み込んで語ることに臆病になる聖域としてイデオロギー化していることを危惧している。「カテゴライズされた「弱者」は、そのことだけで「聖化」され、聖化されることによって、ある特権意識の城のなかに囲い込まれる。ときにそれは、単なるエゴイズムの隠れ蓑となり、「社会的弱者」を演技することのうまみを人々に教えるだけのものとなる」(同書、九四頁)。「カテゴライズされた既成の「弱者」は、社会集団としては逆説的な「強者」である。すでに古くなった暖簾を盾にしながら、個別のエゴを通すために、「弱者」である自分を演じざるをえないようになっているのだ」(同書、一九三頁)と言う。

私は、このような見解を支持して、Kのような症例に対するときの基本的な治療姿勢としたい。そうすることこそ、紛糾した私たちの道徳判断を簡明化し、社会をまだしも健康に維持してゆくための第一歩になると思う。「道徳」と人格との関係は、これまでは反社会性人格障害を代表とするような「道徳性の欠如」のみが問題にされてきた。しかし今後は、「道徳意識の過剰」を特性とする「道徳性人格」という概念が考えられるべきではないだろうか。それが、これまで「人格障害」といわれてきたものの範疇に属することはいうまでもない。そこには「自ら道徳的であらねばならない、という善悪への強迫的なとらわれに苦しむ」善良な人格と、「他人に道徳を強要することで相手を毀損しながら、ようやく自尊心を保てるような」邪悪な人格という、二つの亜型が含まれることになるだろう。

対他関係において絶対に負けずに済む「内面の道徳」というゲームに、自己を全面的かつ恒常的に仮託してしまえば、その「勝利」者が得るものは「自己閉塞」と「空虚」以外の何ものでもなくなってしまう。それが、今日の日本社会で広汎に生じている現象ではないだろうか。伝統的な共同体や会社や学校などが共有していた「恥の文化」や「立身出世指向」といった既成の「道徳」は、この社会を一つにまとめるルールとしての機能をすでに失っている。この失われた「道徳」を再建しようとする努力は、時代に逆行する不可能な試みであって、強行するならここに提示したような「道徳性人格」患者の苦しみを大量に生み出すことになるだろう。いま必要なことは、普遍的な道徳という縛りから皆が自由になると同時に、具体的・個別的な対人場面においては相手とのパーソナルな関係に身を曝しつつ、そこで生じる事態に対してそのつど自己の責任において善悪の判断に関わる試行錯誤を繰り返すような生き方を、幼児期から身につけてゆくことではないだろうか。それこそ、おそらく言葉の真の意味での人格の形成ということなのである。

入手しやすい日本語の文献

第一章

『哲学事典』平凡社、一九七一
鈴木茂『境界例vs分裂病——言語と主観性の精神病理学』金剛出版、一九九一
H・S・サリヴァン『現代精神医学の概念』(中井久夫ほか訳)みすず書房、一九七六
NHK「人体」プロジェクト『〈驚異の小宇宙・人体Ⅲ〉遺伝子・DNA5　秘められたパワーを発揮せよ』日本放送出版協会、一九九九
H・ロールシャッハ『精神診断学』(片口安史訳)金子書房、一九七六
丸山圭三郎『ソシュールの思想』岩波書店、一九八一
細川清『てんかんと精神医学』星和書店、一九九三

第二章

K・シュナイダー『臨床精神病理学』(平井静也ほか訳)文光堂、一九七七
K・ヤスパース『精神病理学原論』(西丸四方訳)みすず書房、一九七一
アメリカ精神医学会『DSM-Ⅳ——精神疾患と分類と診断の手引』(高橋三郎ほか訳)医学書院、一九九五
野矢茂樹『心と他者』勁草書房、一九九五

J・L・オースティン『知覚の言語』(丹治信春ほか訳)勁草書房、一九八四
木村敏『異常の構造』講談社現代新書、一九七三
J・カンギレム『正常と病理』(滝沢武久訳)法政大学出版局、一九八七
H・テレンバッハ『メランコリー』(木村敏訳)みすず書房、一九七八
鈴木茂『境界事象と精神医学』岩波書店、一九八六
河合隼雄・成田善弘編『境界例』日本評論社、一九九八
澤口俊之『「私」は脳のどこにいるのか』筑摩書房、一九九七
朝日新聞大阪社会部編『暗い森』朝日新聞社、一九九八
佐木隆三『宮﨑勤裁判』(上・中・下)朝日新聞社、一九九一―九七
M・フーコー『精神疾患と心理学』(神谷美恵子訳)みすず書房、一九七〇
和田秀樹『多重人格』講談社現代新書、一九九八
C・シルヴィアほか『記憶する心臓』(飛田野裕子訳)角川書店、一九九八
多田富雄・中村桂子・養老孟司『「私」はなぜ存在するか』哲学書房、一九九四

第三章

E・キューブラー＝ロス『死ぬ瞬間』(川口正吉訳)読売新聞社、一九七一
H・テレンバッハ『メランコリー』(木村敏訳)みすず書房、一九七八
木村敏『自己・あいだ・時間』弘文堂、一九八一
神庭重信『こころと体の対話――精神免疫学の世界』文春新書、一九九九
L・テモショックほか『がん性格――タイプC症候群』(大野裕監修)創元社、一九九七

V・v・ヴァイツゼッカー『病因論研究』(木村敏・大原貢訳)講談社学術文庫、一九九四
V・v・ヴァイツゼッカー『病いと人――医学的人間学入門』(木村敏訳)新曜社、二〇〇〇
L・ビンスワンガー『現象学的人間学』(荻野恒一ほか訳)みすず書房、一九六七
木村敏『心の病理を考える』岩波新書、一九九四
多田富雄『免疫の意味論』青土社、一九九三

第四章

M・S・ペック『平気でうそをつく人たち』(森英明訳)草思社、一九九六
F・W・ニーチェ『道徳の系譜』(木場深定訳)岩波文庫、一九六四
S・フロイト「快感原則の彼岸」(小此木啓吾訳)『フロイト著作集6』人文書院、一九七〇
『哲学・思想事典』岩波書店、一九九八
中村聖志・唯子『聞け、〈てるくはのる〉よ』新潮社、二〇〇〇
杉谷葉坊『情動論の試み』人文書院、一九九八
D・W・ウィニコット『遊ぶことと現実』(橋本雅雄訳)岩崎学術出版社、一九七九

第五章

岸田秀『ものぐさ精神分析』中公文庫、一九八二
岸田秀『フロイドを読む』青土社、一九九四
関根牧彦『心を求めて――一人の人間としての裁判官』騒人社、一九九六
中島義道『孤独について――生きるのが困難な人々へ』文春新書、一九九八

A・ミラー『魂の殺人――親は子どもに何をしたか』(山下公子訳)新曜社、一九八三
J・L・ハーマン『心的外傷と回復』(中井久夫訳)みすず書房、一九九六
内田春菊『ファザーファッカー』文芸春秋、一九九三
A・ヤング『PTSDの医療人類学』(中井久夫訳)みすず書房、二〇〇一
柄谷行人『倫理21』平凡社、二〇〇〇
I・カント『純粋理性批判』(上・中・下)(篠田英雄訳)岩波文庫、一九七九
I・カント「人間学」(山下太郎訳)『カント全集第一四巻』理想社、一九六六
和辻哲郎『人間の学としての倫理学』岩波全書、一九九七
宮台真司「〈良心〉の犯罪者」『別冊宝島二二九号――オウムという悪夢』宝島社、一九九五
永井均『〈私〉のメタフィジックス』勁草書房、一九八六
永井均『〈魂〉に対する態度』勁草書房、一九九一
永井均『ルサンチマンの哲学』河出書房新社、一九九七
切通理作『お前がセカイを殺したいなら』フィルムアート社、一九九五
小浜逸郎『「弱者」とはだれか』PHP新書、一九九九

あとがき

前著『境界事象と精神医学』の新装版を一昨年刊行していただくにあたって、その「あとがき」に、「続編として、人格とその障害についてまとめてみたい」と書いておいた。その予告どおり、今ここに「人格障害」に関する私見を一つの書にまとめることができたことは、筆者にとって大きな喜びである。

本書は、大学での十年来の講義をもとに、折りに触れて書きためておいたものを付け加えて書き下ろしたもので、専門家でない読者にとってはやや難解な部分があったり、専門家にとっては口うるさい目の上の瘤のような存在に映るかもしれない。執筆の最大の動機は、基本的な考察や批判を欠いたまま近年の凶悪事件などに適用された結果、もはや使いものにならないほどに胡散臭いものと化してしまった「人格」や「障害」の概念が、筆者には痛々しく見えたことにある。あるいは、マスコミなどとは無縁なところで日々の精神医療に従事している同僚たちの名誉を思って、精神科医がそれほど愚かでも破廉恥でもないのだ、ということを示しておきたかったのかもしれない。

筆者は、本書に述べた私見を「絶対的に正しい」と主張するものではない。そうではなくて、今後これらの概念を心理学的な領域で使用する場合には、専門家にせよ非専門家にせよ、せめてこの程度の背景問題に留意してほしい、と思っているだけなのである。われわれはいずれにせよ、「人格」や「異常」の概念なしではやってゆけないのだから、その使い方をできるだけ慎重にしたいものである。

「倫理」という概念も、科学技術や医療が高度の発達を遂げた近年、とみにその重要性を増してきたように思われる。それは、もはや古くさい観念ではなくて、人間が共同生活を実践してゆく上で看過できない最先端の緊要な課題となっている。精神医学は、人間関係に生じるさまざまな失調形態を対象にする臨床的な学問であるのだから、「倫理」の批判は、「最新の科学的知見」などに勝るとも劣らず重要な課題となるはずである。それにもかかわらず、精神科医たちが敢えてこの問題に近づこうとせず、ややもすれば安易な「道徳」を説く立場にとどまろうとするかに見えることはとても残念であり、本書がこの問題にも一石を投じるきっかけになることができれば幸いである。

本書の執筆にあたっては、さまざまな人のお世話になった。私にこのような問題を考えさせてくれた患者たち、最初の読者になってもらい多くの助言や批判を与えてくれた畏友・岡本進氏、最近の若者の心性に不案内な筆者に同世代の視点からいろいろな示唆を与えてくれた娘・梓には、とくに感謝の意を表しておきたい。岩波書店編集部の高村幸治氏には、今回もまた出版の労をとって頂いた。また、担当の古川義子さんは、原稿を丹念に読み込んだうえで表現に関して貴重な修正意見を数多く提示して下さった。それらを取り入れたことによって、本書はより読みやすいものになったと思う。お二人のご尽力に厚く御礼申し上げる。最後に、非礼な議論を吹き掛ける筆者に対して嫌なお顔も見せず、二〇年以上にわたってご指導を賜ってきた木村敏先生には、御礼に代える言葉もない。

新世紀を迎えての正月に

鈴木　茂

■岩波オンデマンドブックス■

人格障害とは何か

2001年 3月26日　第1刷発行
2004年 4月7日　第3刷発行
2014年 9月10日　オンデマンド版発行

著　者　鈴《すず》木《き》 茂《しげる》

発行者　岡本 厚

発行所　株式会社 岩波書店
〒101-8002 東京都千代田区一ツ橋2-5-5
電話案内 03-5210-4000
http://www.iwanami.co.jp/

印刷／製本・法令印刷

ISBN 978-4-00-730133-9　Printed in Japan